战国热搜榜

风起云涌卷 →

黄荣郎 著

中国法制出版社
CHINA LEGAL PUBLISHING HOUSE

序 言

记得我上小学的时候,最喜欢偷偷到大哥书桌上翻找,看看有没有什么宝贝,而其中有一本书就令当时只爱看漫画的我,深深地被其中的文字吸引。原本只是觉得封面的图片好玩(我记得好像是一幅以拓印的方式呈现、有点模糊的人物像,人物的脸上留着胡须,身上的衣服也和现代人不一样,后来才知道原来古代人都那样穿),翻开后发现里面是关于战国时代说客们凭借着过人的智慧,游走于各国之间,以三寸不烂之舌弭兵止战的故事(这对年幼无知的我来说,简直是件不可思议的事,当时总觉得嘴巴最厉害的角色便是我们老师了,只要一张口,小子们便得乖乖地去操场跑十圈),也让我开始有了对战国历史探真揭秘的兴趣。的确,春秋战国时代是大臣们可以和君主面对面促膝而谈、谋士们可以依个人意愿来往于各国之间的自由时代。在这个时期,诸子百家的思想有如生物演化史中大爆发的时期一般,快速、蓬勃而且充满生命力地萌发,可以说是时时令人赞叹、处处充满惊奇。

不管这个时代的我们身处何处,数千年同源同种的历史文化,都是中华儿女共同的根与骄傲。很荣幸这次能与中国法制出版社合作,将这套书献给大家,让两岸的读者,尤其是新时代的青少年朋友,都能对我们自己的先祖及历史有更进一步的认识及兴趣。也真心企盼,挑灯埋首于书堆中创作的我能为中华历史文化的绵延尽绵薄之力。

《战国热搜榜》共两卷，秉持着让读者轻松成为历史达人的理念，以头条新闻的方式，将时空现场拉回到两千五百年前的古代中国。借由一则则令人惊讶的新闻标题，透过一页页扣人心弦的头条版面，将读者投置在这个中国历史上璀璨辉煌的黄金大时代之中。读者将亲眼见证战国七雄的霸业兴替、中华民族最终归于一统的历程，亲身体验诡谲多变的争斗氛围，领教说客们张口掀起千层浪的本领，慑服于战将们挥手撼动万军魂的气势。在一篇篇精彩的报道中，看三家如何分晋，看商鞅如何变法，看诸子如何争鸣。读者不但能知晓合纵连横之谋，明了远交近攻之计，同时也能重温战国四公子的动人故事，见证秦始皇宰制天下的霸气。

基于一个教育者应有的理念，本书以严谨的态度考证史料，根据史实将事件一一呈现。《战国史料编年辑证》[①]是战国史权威杨宽教授经历半世纪从事战国史研究的重要成果，是将原本分散杂乱、真伪混淆的史料，重新进行编年和考订后，形成的极具参考价值的史实文献，当然也成为编写《战国热搜榜》时最重要的巨人肩膀。但为了能让读者摆脱只要一看书本便昏昏欲睡的困扰，书中以轻松的短篇阅读方式，让大家从简短生动的头条新闻中，能迅速地了解历史事件的来龙去脉以及时空背景。再搭配多幅我依照头条内容需求绘制的漫画式插图，相信能让读者在笑看战国风云的同时，将史实故事转印于脑海之中。历史真相是严肃的，但我们选择以轻松的方式切入；文字叙述是平面的，但我

---

① 杨宽著：《战国史料编年辑证》，上海人民出版社2001年版。

们利用有趣的图像加以突出。把人物图像化，以凸显其个性；把事件图像化，以加深其脉络。借着图像重新建构战国时期的大舞台，让这些只存在于教科书中的先贤豪杰再次活跃于其上，也让读者能够轻松了解这些历史事件和人物。

本书内容自公元前四五八年开始，除了贯穿整个战国时代，还延续到了秦朝，直到公元前二一〇年秦始皇嬴政驾崩为止，翔实地记录了这二百多年间的重要新闻，并分为《风起云涌卷》和《争霸天下卷》两卷。之所以这样安排，是因为秦朝统一六国作为战国争霸的结果，如果不加以叙述，会显得有始无终。但秦朝并不属于战国时代，其虽然只延续了短短十几年，但其政权的组织形式已与战国时期大相径庭。书中也在相关新闻出现的版面，收录了如《造箭技术》《备梯篇》《备蚁傅篇》《消费者物价指数》《秦国的二十级爵位》《和氏璧》《虎符》《火牛阵》《勒名工官》《秦始皇陵》等专题文章，让读者能对相关内容有更深入的了解。书中出现的部分官职，标注了简单解释，以帮助读者了解其意义。为了方便查考，在本书的最后依年代制作了"热搜事件榜单"，可以快速浏览战国时代的重大事件脉络，并轻松找到想要搜寻的历史头条。

本系列参考《资治通鉴》的叙述，但在年代及事件真伪的考据上，则参考先秦史著名学者杨宽教授的大作《战国史料编年辑证》，以一九七三年在长沙马王堆汉墓出土的《战国纵横家书》来补正《资治通鉴》《史记》等史料的讹误与缺漏。其中《战国策》等史籍所收录的事件，凡经比对为托古伪作之处，亦不见载于本书之中，以求尽量还原史实现场。年代则仍然以容易辨识的公元纪年为主，但若有涉及月、日的部分，为了与古籍相符，仍采用传统史书中的阴历，以免读者产生混淆。另外，早期中国历史事件所发生的时间存在一些争议，本书参考古籍进行写作，并不代表该历史事件就一定发生于该时。这些若有造成不便之处也请见谅。而在各国国君姓名之后的谥号，其实是要等到人死了之后才会有的，只是为了方便读者在熟悉的传统印象与本书角色之间切换，才特别以括号注记。插图中的人物形象、服饰、造型和对话均为虚构，仅仅是为了便于读者理解和记忆。另外，插图中各国国君头上的王冠，也只是为了凸显他们的身份，史实上并没有这样的造型。而书中客串演出的司马光及司马迁两位史学专家，原为宋代及汉代的人物，并非战国时期的人，穿越演出仅为了效果，也一并于此说明。

透过纱窗吹进来的阵阵微风、在夜色中尚存的一两户邻家灯火、桌上都快要把人淹没的参考书籍，加上冰冷四方的计算机屏幕以及一只不太理人的猫，几乎是我每天埋头创作时一成不变的场景。虽然写作的过程是如此的孤单而漫长，但只要想到完成后可以再次和读者在历史的时光隧道中漫步同游，这种和朋友们分享的喜悦是没有什么东西可以替代的。本系列的完成，要感谢诸位史学前辈，他们丰硕的研究成果为后进晚辈在写作上解决了不少问题。也要感谢中国法制出版社的朋友，在出版过程中费心劳力地给我许多指导及协助，让个人的微响能有机会引起共鸣，让我也为两岸的历史文化交流尽一份心力，可以帮助更多的人，尤其是青年朋友们，能更深入地了解同属于中国人的历史荣光。最后，要感谢读者朋友们的支持，希望《战国热搜榜》系列图书可以陪您度过窝在沙发上的轻松时光。

目 录

第一章　　三家分晋　商鞅变法　　　　　　　　　　1
　　　　　（公元前四五八年~前三五六年）

第二章　　七雄崛起　齐魏相王　　　　　　　　　　45
　　　　　（公元前三五五年~前三一四年）

第三章　　秦国东进　逐鹿中原　　　　　　　　　　105
　　　　　（公元前三一三年~前二九四年）

热搜事件榜单　　　　　　　　　　　　　　　　　　149

各国世系表（部分）

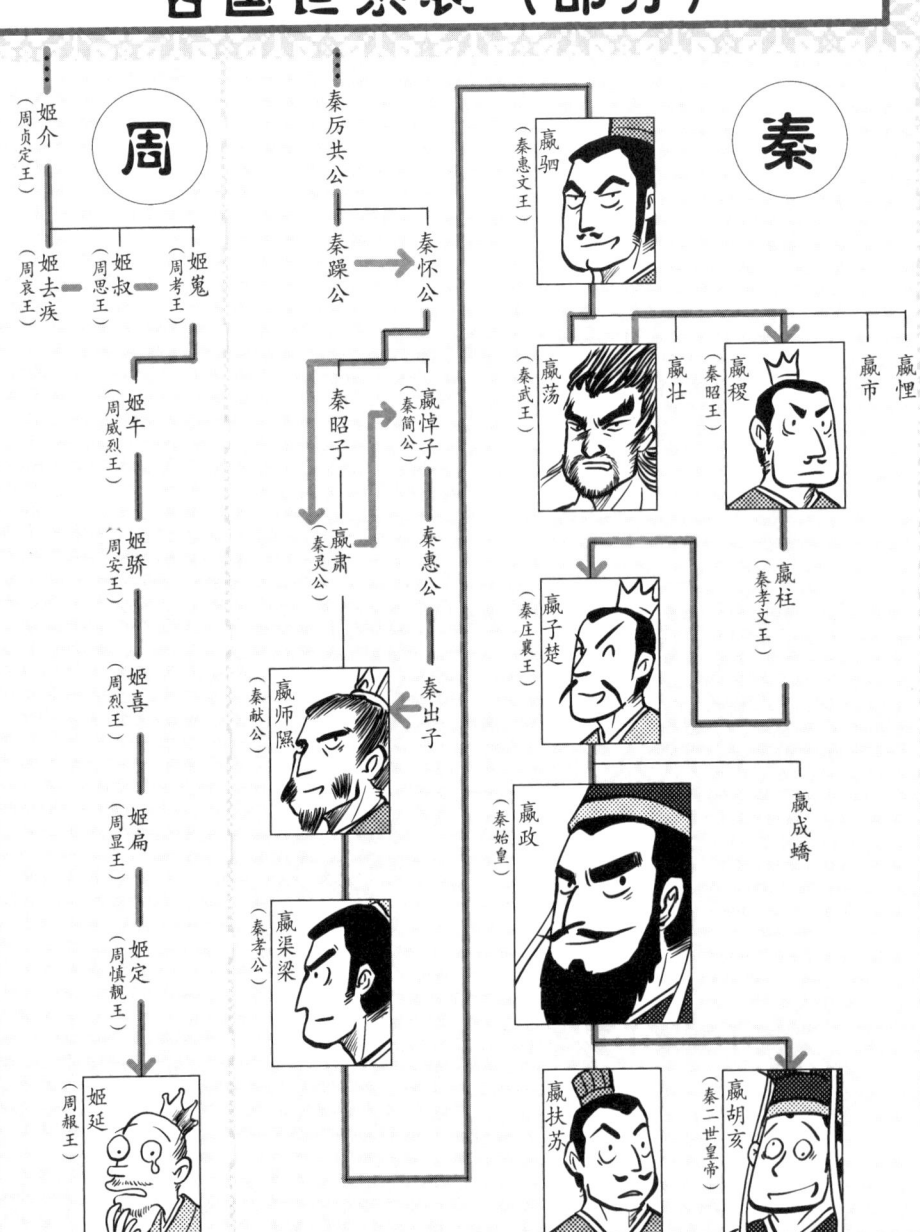

周

- 姬介（周贞定王）
- 姬嵬（周考王）
  - 姬叔（周思王）
  - 姬去疾（周哀王）
- 姬午（周威烈王）
- 姬骄（周安王）
- 姬喜（周烈王）
- 姬扁（周显王）
- 姬定（周慎靓王）
- 姬延（周赧王）

秦

- 秦厉共公
  - 秦躁公
  - 秦怀公 → 秦昭子 → 秦灵公
  - 秦简公 → 秦惠公 → 秦出子
- 嬴悼子（秦献公）
- 嬴师隰
- 嬴渠梁（秦孝公）
- 嬴驷（秦惠文王）
  - 嬴荡（秦武王）
  - 嬴壮
  - 嬴稷（秦昭王）
  - 嬴市
  - 嬴悝
- 嬴柱（秦孝文王）
- 嬴子楚（秦庄襄王）
- 嬴成蟜
- 嬴政（秦始皇）
  - 嬴扶苏
  - 嬴胡亥（秦二世皇帝）

晋

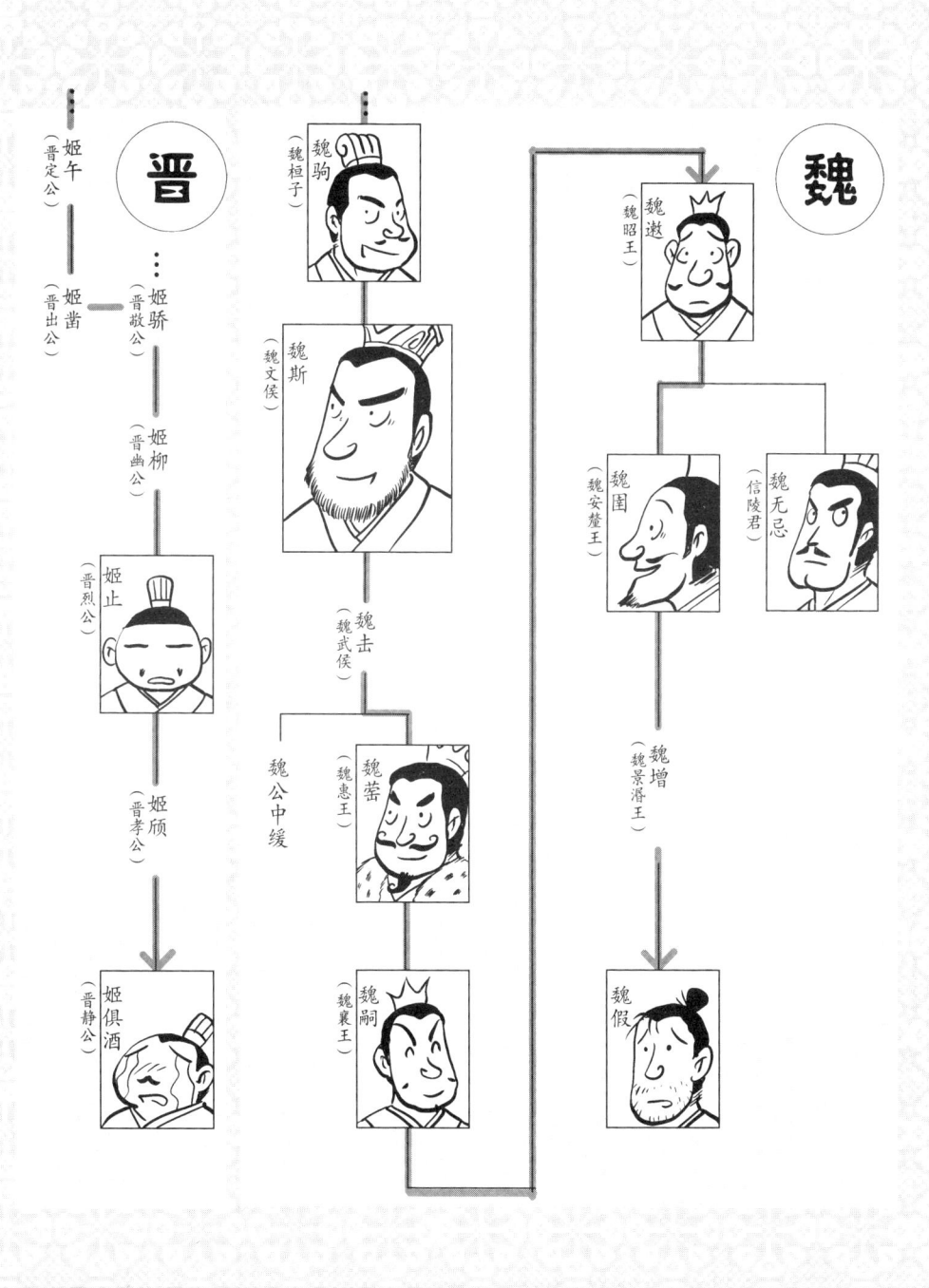

- 姬午（晋定公）
- 姬凿（晋出公）
- 姬骄（晋敬公）
- 姬柳（晋幽公）
- 姬止（晋烈公）
- 姬颀（晋孝公）
- 姬俱酒（晋静公）

魏

- 魏驹（魏桓子）
- 魏斯（魏文侯）
- 魏击（魏武侯）
- 魏公中缓
- 魏䓨（魏惠王）
- 魏嗣（魏襄王）
- 魏遫（魏昭王）
- 魏圉（魏安釐王）
- 魏无忌（信陵君）
- 魏增（魏景湣王）
- 魏假

赵

- 赵无恤（赵襄子）
  - 赵嘉（赵桓子）
  - 赵浣（赵献侯）
    - 赵籍（赵烈侯）
      - 赵章（赵敬侯）
        - 赵种（赵成侯）
          - 赵语（赵肃侯）
            - 赵雍（赵武灵王）
              - 赵章
              - 赵何（赵惠文王）
                - 赵丹（赵孝成王）
                - 长安君
              - 赵胜（平原君）
          - 赵偃（赵悼襄王）
            - 赵迁（赵幽缪王）
            - 赵嘉（代王）

燕

燕简公 —— 燕桓公 —— 燕文公
- 燕易王
  - 姬哙
    - 姬平
    - 姬职（燕昭王）
      - 燕惠王
        - 燕武成王 —— 燕孝王
          - 姬喜
            - 姬丹

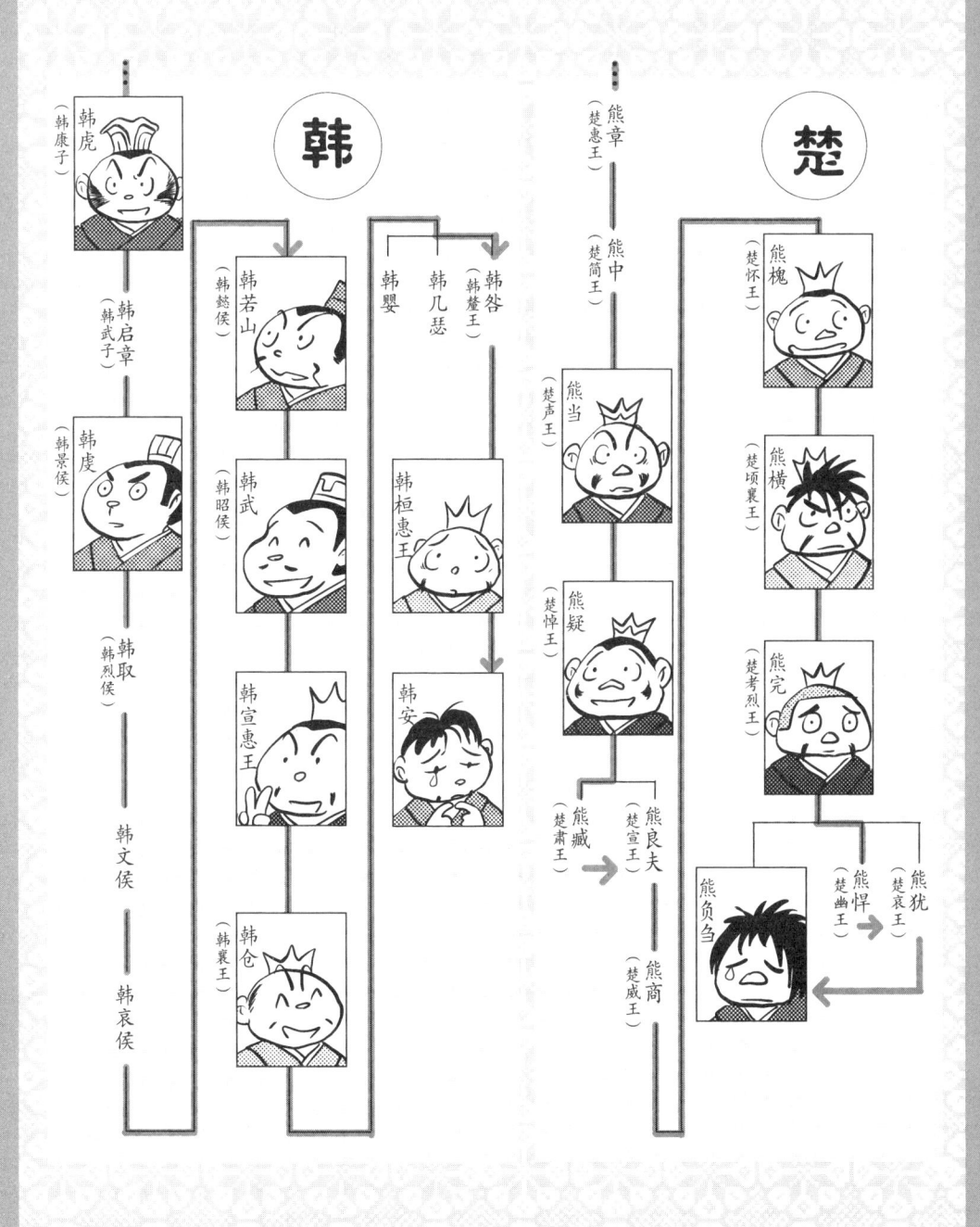

韩

- 韩虎（韩康子）
  - 韩启章（韩武子）
    - 韩虔（韩景侯）
      - 韩取（韩烈侯）
        - 韩文侯 —— 韩哀侯
  - 韩若山（韩懿侯）
    - 韩武（韩昭侯）
      - 韩宣惠王
        - 韩仓（韩襄王）
          - 韩咎（韩釐王）
            - 韩桓惠王
              - 韩安
          - 韩几瑟
          - 韩婴

楚

- 熊章（楚惠王）
  - 熊中（楚简王）
    - 熊当（楚声王）
      - 熊疑（楚悼王）
        - 熊臧（楚肃王）
        - 熊良夫（楚宣王）
          - 熊商（楚威王）
            - 熊槐（楚怀王）
              - 熊横（楚顷襄王）
                - 熊完（楚考烈王）
                  - 熊悍（楚幽王）→ 熊犹（楚哀王）
                  - 熊负刍

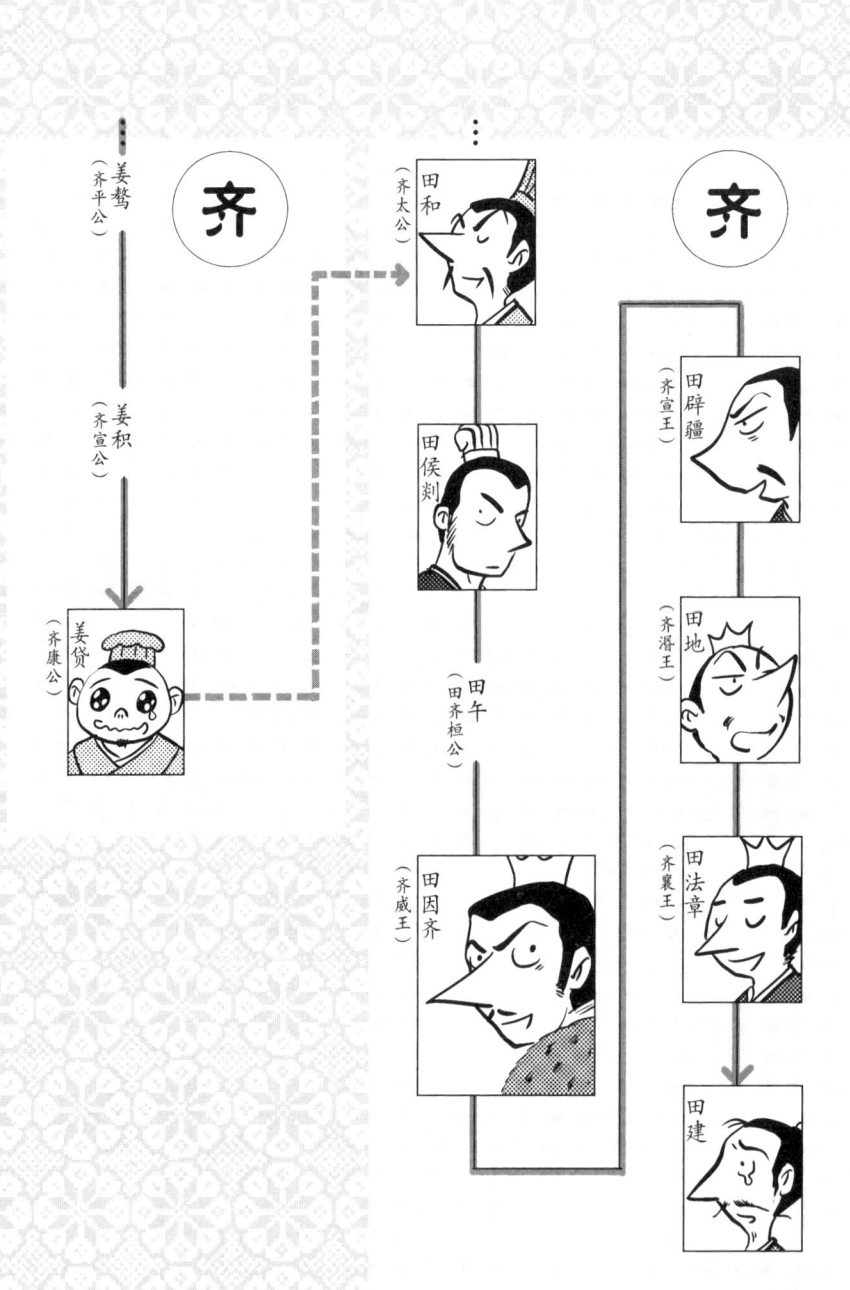

齐

- 姜骜（齐平公）
- 姜积（齐宣公）
- 姜贷（齐康公）

齐

- 田和（齐太公）
- 田侯剡
- 田午（田齐桓公）
- 田因齐（齐威王）
- 田辟疆（齐宣王）
- 田地（齐湣王）
- 田法章（齐襄王）
- 田建

各国主要登场人物

秦 | 魏

秦				魏	
公孙鞅（商鞅）	白起	张仪	范雎	吴起	李悝
魏冉	吕不韦	王翦	李斯	公孙衍	庞涓
甘茂	蒙恬	赵高	嫪毐	惠施	乐羊
王齕	樗里疾	羋戎	桓齮	芒卯	公叔痤
蒙骜	王贲	蔡泽	蒙毅	李克	魏齐
徐福	魏余	夏无且	李信	西门豹	晋鄙

晋	赵			齐	
智瑶	蔺相如	廉颇	赵奢	田文	孙膑
韩虎	李牧	赵括	郭开	田婴	田单
赵无恤	赵后吴娃	赵成	肥义	淳于髡	邹忌
魏驹	楼缓	仇郝	李兑	匡章	田忌
豫让	公孙龙	赵威后	虞卿	韩珉	公孙弘
郗疵	毛遂	乐乘	庞煖	后胜	触子

楚

黄歇	昭奚恤	屈原	李园	公输般	淖齿
熊兰	昭阳	项燕	江乙	郑袖	庄蹻

韩　　　燕　　　其他

申不害	韩非	苏秦	乐毅	墨翟	孟轲
张良	严遂	荆轲	子之	戴偃	义渠王
聂政	郑国	将渠	骑劫	卫国国君	中山王

第一章

三家分晋　商鞅变法

（公元前四五八年~前三五六年）

本章大事件

公元前四五七年
- 人上有人
  智瑶袭卫妙计遭识破

公元前四五五年
- 赵无恤誓不低头
  智韩魏围攻晋阳

公元前四五三年
- 唇亡齿寒
  三家逆袭
  智氏惨遭灭族

公元前四三九年
- 沙盘推演化解干戈
  墨子守备功力惊人
- 流言终结者
  公输般的木车马

公元前四三三年
- 曾侯乙下葬
  陪葬品惊人

公元前四〇八年
- 与部下同甘又共苦
  魏将吴起拔秦五城
- 魏伐中山
  赵国借道
  恐另有图谋

公元前四〇六年
- 乐羊喝下亲子羹汤
  悲痛中覆灭中山国

公元前四〇五年
- 李悝受命任魏相
  变法图强翻新页

公元前四〇三年
- 三家分晋！
  八大国引领风骚

公元前四〇二年
- 官兵抓强盗
  强盗杀国君
  楚王死于非命

公元前三九七年
- 韩国国相被刺身亡
  杀手自毁容貌无法追查

公元前三九六年
- 文侯辞世魏击继位
  吴起竟与新相争功

- 拒与公主成亲
  吴起弃魏奔楚

- 秦国上演王子复仇戏码
  二十九年终于夺回大位

- 秦国进行改革
  废止活人殉葬

公元前三九〇年 | **公元前三八六年** | **公元前三八五年** | **公元前三八一年**

- 赵国迁都邯郸
  公子朝叛变失败

- 楚王去世顿失靠山
  贵族反扑吴起惨死

- 姜齐灭亡
  中山复国

- 秦国继续推进改革
  五家一伍编入户籍

- 韩国吞灭郑国
  迁都新郑

公元前三七九年 | **公元前三七六年** | **公元前三七五年** | **公元前三七四年**

- 韩赵魏吃干抹净
  晋国从此覆亡

- 韩严弑君
  韩国易主

- 魏君生前未定太子
  韩赵发兵企图干预

- 秦国少主继承父志
  力图摆脱蛮邦形象

公元前三六九年 | **公元前三六四年** | **公元前三六二年** | **公元前三六一年**

- 秦军首获大胜
  天子赠礼嘉勉

- 秦国公布招贤令
  各地人才涌入秦国

- 兴水利选武卒
  魏国再度前进

公元前三五九年 | **公元前三五六年**

- 秦国空前大变法
  实施连坐奖励军功

- 超赚钱
  搬根木头奖五十金

年度热搜榜

公元前四五八年

周贞定王十一年 晋出公十七年 齐平公二十三年 楚惠王三十一年 秦厉共公十九年

晋国内哄 范氏中行氏被瓜分 智赵韩魏四家横行

自春秋之后，长期架空晋国国君而掌握着军政实权的六大贵族，势力范围在今年（前四五八年）大洗牌。智、赵、韩、魏四家，尽数瓜分了范氏、中行氏两家的土地。据记者整理，整个事件的起点要回溯到公元前四九七年，当时六卿中当权的赵氏族长赵鞅（赵简子），因为向其族弟赵午强索五百户人家（每户人家都代表了一定额度的税收，这是笔庞大的收入）没有到手，就将赵午给杀了。赵午的儿子在范氏和中行氏的支持下，展开了武装复仇行动，一度将赵鞅从晋国首都绛逼退到领地晋阳。后来由于智、韩、魏三家决定加入赵鞅的阵营，终于逆转形势，在公元前四九二年将范氏及中行氏两家逐出晋国，彻底铲除其残余势力，并在今年达成协议，由四家尽分其土地。

滚吧！你们！

嘿嘿……快来把他们的地给分了吧……

范氏、中行氏被其他四家逐出，领地遭到瓜分

天上掉下来的礼物？ 山中之国开路自取灭亡

在赵鞅于公元前四七六年去世之后，接掌晋国正卿（高级官员）之位的智瑶（智襄子，也称智伯瑶、智伯），想要攻灭邻近的仇由国。但由于仇由国位处深山之中，根本没有大路可以通行，军队难以前进。于是智瑶就铸造了一口大钟，当作送给仇由国的礼物。仇由国国君听到了这个消息，高兴得连嘴巴都合不拢了。但又出现一个问题，就是这口钟实在太大了，无法以人力搬运，只能以大车载运，于是仇由国国君就下令开辟可以让大车通行的道路，准备接受这份天上掉下来的礼物。终于，仇由国在今年（前四五八年）举行了大道的通车典礼，迎来了大钟，也迎来了智伯的军队，仇由从此成为历史名词。

年度热搜榜

公元前四五七年

周贞定王十二年　晋出公十八年　齐平公二十四年　楚惠王三十二年　秦厉共公二十年

智瑶权势逼人　韩虎遭到霸凌

由于智瑶掌握了晋国的军政大权，实力远在赵、韩、魏之上，气势便越来越嚣张而目中无人。据闻，前几天智瑶在蓝台宴请两大氏族的族长韩虎（韩康子）及魏驹（魏桓子）时，不仅戏弄韩虎，还出言不逊地侮辱韩氏的家臣段规，闹得气氛有些尴尬。事后智瑶的族人智果还劝他说："你这样激怒对方，却又不设防备，迟早要大祸临头。"但智瑶却得意地回答："呵呵……我不给别人灾祸就已经算客气了，谁还敢给我灾祸？"智果只好感叹地说："连黄蜂、蚂蚁都能害人，何况对方是武装集团的首领及总管，这样做实在不明智啊！"据智果身边的友人表示，因为族长智瑶一直不听劝，智果感到忧心忡忡，虽然已经向民政部门申请改姓为辅，脱离智氏一族以求自保，但仍时时担心哪天灾祸会牵连到自己身上。

人上有人　智瑶袭卫妙计遭识破

由于智瑶去年用计谋攻灭了仇由国，对自己的高智商信心满满，便想再次用计攻取卫国。智瑶先派人送给卫国国君四匹马及一块玉璧，以松懈其戒心，然后暗中派出大军准备偷袭卫国。但大军到了边境时，却发现卫国早有准备，最后只好放弃这次的军事行动。据记者表示，当卫国国君收到礼物，君臣都陶醉在欢乐气氛中的时候，卫国的大臣南文子适时地提出警告："我们没有什么功劳却意外得到奖赏，你们不觉得这很奇怪吗？而且通常是小国要进贡给大国马匹及玉璧等礼物，今天却由强大的国家送礼物给弱小的国家，其中必有可疑之处。"于是卫国国君赶紧下令边防部队加强警戒守备，从而成功地阻止了晋军的入侵。

> 可恶！假装送礼物这招没有效了吗？之前还有用的……

> 呵呵……我已经拨过反诈骗专线了。

智瑶企图仿照上次攻灭仇由国的方法，假意送礼物给卫国，但这次却被识破，未能成功

年度热搜榜

公元前四五五年

周贞定王十四年　晋出公二十年　齐宣公元年　楚惠王三十四年　秦厉共公二十二年

恶霸智瑶　强索韩地一万户

晋国当权者智瑶想要扩大自己的领地，便仗势强向韩虎要求割让领地。正当受到威胁的韩虎气得手脚发抖，不知如何是好的时候，家臣段规建议说："智瑶这个人喜欢贪小便宜又脾气暴躁，如果我们拒绝的话，他一定会发动军队来攻打我们。不如先让他尝尝甜头，他得到我们的地之后，一定又会再向魏、赵两大家族勒索要地。只要魏、赵不肯给，就一定会打起来。如此我们不仅现在可以逃过一劫，到时也可以静观其变，再采取对我们最有利的行动。"于是韩虎就割了一处有一万户的领地给智瑶。

致富宝典

不实用丛书系列

用抢的比较快

智瑶◎著

智瑶新作登上畅销书排行榜

食髓知味……
智瑶再取魏地一万户

智瑶在前一阵子顺利地从韩虎手中要到领地之后，又向魏氏族长魏驹开口要地。魏驹认为智瑶没有任何理由就要他割让领土，实在是欺人太甚，正打算翻脸拒绝的时候，家臣任章却建议说："就是因为无理由才要割给他，因为如此一来，智瑶必定骄傲自满而不可一世，而我们这几个被迫害的家族也才有可能真的团结起来，等待时机，一举击垮智氏家族。"魏驹认为这个方法可行，便也将有一万户的领地割给了智瑶。据可靠消息，智瑶在接连取得韩、魏两块领地，为自己口袋赚进大笔的税金之后，已准备将贪婪之手伸进赵氏一族。但赵氏新任族长赵无恤年轻气盛，又素有谋略勇武之名，届时是否会如韩、魏两家一样乖乖屈服，还是会和智氏来个大火拼，值得关注。

赵无恤誓不低头
智韩魏围攻晋阳

对于向赵家强索领地一事原本信心满满的智瑶，这次果然正如先前预测的那样被赵无恤断然拒绝。这对于已经习惯了胜利的智瑶来说，无疑是一次沉重的打击。不过恶名远播的智瑶当然没有这么好打发，他立刻调动武装部队，直捣赵无恤在晋国都城的官邸，打算以迅雷不及掩耳的速度，用武力惩罚不肯就范的赵氏一族。只是赵无恤在决定和智氏撕破脸的同时，早就已经规划好退路，率领族人退至原封地晋阳，准备以此作为根据地和智氏抗争到底。而扑了个空的智瑶，则是在恼怒之余，威胁韩、魏共同出兵，倾三家之全力，对晋阳展开猛烈的攻击。

年度热搜榜

公元前四五四年

周贞定王十五年 晋出公二十一年 齐宣公二年 楚惠王三十五年 秦厉共公二十三年

拆墙熔柱　赵家箭矢不缺　　掘堤淹城　智氏困死晋阳

> 主公！箭快用完了……

> 惨了，不是说墙壁和柱子的材料可以拿来做弓箭吗？怎么一挖开尽是些垃圾……

赵无恤将晋阳城内的墙壁挖开，铜柱熔铸做成弓箭，抵御智瑶军队的攻击

面对智、韩、魏三家联军的攻击，赵无恤率领族人据守晋阳城顽强抵抗，始终未让智瑶越雷池一步。据闻，赵氏守军靠着把官府墙垣拆下，将其原木料制成箭杆，并把铜柱烧熔铸成箭头，成功地化解了箭矢短缺的危机，才能与敌军继续抗衡，顽强地坚守了三个月。而强攻不下的智瑶，则决定改变战略，下令联军稍往后撤，将晋阳城团团围住，然后掘开晋水河堤，来个水淹晋阳城。目前由高处观看，城中完全成为一片汪洋，而这场战斗也已经变成持久战，看来智瑶是决心把赵氏一族困死在城中了。

【军事科技】造箭技术

用硬木或竹作为箭杆的材料，先将箭杆的三分之一削好作为前端，再把后面五分之一长度的部分拿来装配羽毛。不过在装配尾羽之前，要先把削好的箭杆投入水中，以便确定箭杆各部位的比重。根据测量的结果来装置后方扣住弓弦的凹槽，然后由凹槽的位置来决定装配羽毛的深浅。最后取尾羽长度的三分之一来装上预先用铜或铁铸好的锐利箭头。如果箭的前段过轻，则箭射出的角度会过小；后段过轻，则角度会太大；中间段太轻则飞行时容易曲折，过重则箭容易高飞。尾羽太多会导致飞行速度减慢，太少则会歪斜而无法命中目标。制作的每一个过程都需要非常严谨，以免实战的时候影响战斗力。

年度热搜榜

公元前四五三年

周贞定王十六年 晋出公二十二年 齐宣公三年 楚惠王三十六年 秦厉共公二十四年

智瑶喜不自胜　晋城叫苦连天

军事分析家指出，从前年（前四五五年）就被智、韩、魏三家联军围困在晋阳城内的赵无恤部队，粮食物资应该都已经达到消耗殆尽的边缘。而且目前大水仅剩三块木板的高度就要漫过城头，城中更是一片汪洋。民家的炉灶都因长期泡水而倾倒毁坏，百姓只好将锅炉吊起来，捕食随着大水流窜的鱼蛙充饥。守城的兵士也因不堪长期湿冷疲累而纷纷患病，赵氏战力目前已趋疲软，战况可以说是岌岌可危。反观驻军在城外高处的智瑶，则因水淹晋阳的长期消耗战奏效，而显得意气风发。数日前，智瑶还要韩虎和魏驹陪他一同登到高岗上视察，并且志得意满地说："到今天我才知道，原来水也可以亡人之国啊！"不过据目击者指出，魏驹在听了智瑶的话后，还以手肘轻轻地碰了一下韩虎，而韩虎也用脚轻轻碰了一下魏驹。从两人脸上没有一丝喜悦的表情来看，即将与智瑶一同获得胜利的喜悦，似乎远远比不上担心自己日后也将遭水淹灭的恐惧。

> 哇！我的手都泡皱了……
> 我的脸也是。
> 婆婆，您那是皱纹好吗？

晋阳守军因长期泡在水中而苦不堪言

联军关系松动？　智家谋臣提出警告

智家重要的谋臣郄疵于交战重要关头，突然奉派出使齐国的行动，引起各界纷纷揣测智瑶是否有意借助齐国的军力，来终结此一战事。但根据记者的深入追查，事实的真相是，郄疵曾私下向智瑶提出警告，认为晋阳城破在即，魏韩二家却没有任何喜悦之情，反而忧形于色，一定是有叛变的打算。不过智瑶不但不相信，第二天还将郄疵的话告诉韩虎、魏驹，而两人当然极力澄清，表示这一定是赵氏所用的离间之计。二人退出后，郄疵进来，马上问智瑶："你怎么把我昨天的话告诉了他们？"智瑶吃惊地说："咦，你是怎么知道的？"郄疵说："我刚才在路上遇见韩、魏二人，发现他们抬头看了我一眼，然后就神色紧张地低头快速离开。很显然，他们已经知道诡计被我识破。"但是智瑶还是不相信郄疵的话，始终认为自己不可能看走了眼。就是在这种情况之下，郄疵才主动要求出使齐国，为的是避开即将到来的灾难。如果事情的发展正如郄疵所料，那智氏所要面临的问题就不只是联军的瓦解，而是韩、魏会倒戈相向，演变成三家伐智的局面了。

唇亡齿寒　三家逆袭　智氏惨遭灭族

原本胜券在握，等着收获胜利果实的智瑶，在日前反遭赵无恤掘开堤防，引来汹涌大水倒灌本军阵地。而就在智军阵脚大乱的时候，与智军同盟的魏、赵两军，不但不协助排解水患，而且反过来从两翼突袭智军。这时赵无恤又亲率主力部队，出城奋勇冲杀，击溃智军，生擒智瑶并将其当场斩首。而整起事件之所以会有如此戏剧性的转折，原因是早在危急存亡之际，赵无恤便暗中派家臣张孟谈，以"唇亡齿寒"的道理游说韩虎和魏驹，争取两家的倒戈支持，并约定起事的日期，一举覆灭智军。智氏一族除了智果已改姓为辅，家臣郗疵人在齐国外，其余全遭屠杀。权倾晋国的最大家族，一夕之间惨遭逆转诛灭，所辖领地则全数遭赵、韩、魏三家瓜分。

【人物特写】刺客豫让

最近轰动一时，引起各大媒体关注的赵无恤遇刺未遂事件，记者在深入追查之下，终于先人一步掌握了刺客的身份以及整起案件的始末。原来，这名刺客名为豫让，一开始是个先后投效于晋国范氏及中行氏的门客，但因始终无法获得重用，所以又改投智氏。而这次终于得到智瑶赏识，并成为智氏忠心的家臣。后来在韩、赵、魏三家攻灭智氏之后，赵无恤因恨智瑶入骨，就将他的头盖骨拿来当作饮酒的器皿。此时已逃到山中避难的豫让，听到主公死后还被糟蹋这件事，心里十分难过，就对朋友说："士为知己者死，女为悦己者容，我一定要为主公复仇，以报答他对我的知遇之恩。"

于是豫让便改名换姓，乔装易容，扮成一个受过刑的厕所粉刷工人，然后混入赵无恤官邸伺机行刺。有一天，正当赵无恤要上厕所的时候，忽然感到一阵莫名的心惊胆战，便下令侍卫把当时正在厕所涂刷墙壁的工人抓起来审问。这时才发现这个工人居然就是仇人的门客豫让所假扮的，而且怀中还藏了一把由涂抹墙壁用的镘刀所磨成的利刃。令人意外的是，侥幸逃过暗杀的赵无恤，不但没杀豫让，反而认为他肯不计个人的生死而执意要为主复仇，是个值得敬佩的义士。他不顾左右的反对，看着豫让说："我实在是不忍心把一个这么有义气的人处死，以后我自己避着他就是了，让他走吧。"

不过，豫让这次失败后不改初衷，仍然继续等待有利的行刺机会。他不仅用生漆涂在身上让身体长出恶疮，还剃去胡须及眉毛，更在脸上划下数刀自残以改变自己的容貌，然后扮成乞丐故意在妻子面前讨饭，以测试自己变装易容的成效。虽然妻子自始至终都没有认出他来，但他却听到妻子对旁人说："好恶心哦，那个乞丐的声音怎么跟我老公的声音一模一样啊。"就是这句话使豫让又吞下木炭，让声音变得沙哑不清。最后彻底改变了容貌及声音的豫让，通过各种渠道事先打听好仇家的行动路线，便埋伏在他将会经过的桥下，准备进行第二次刺杀。

但是赵无恤不知是否有灵异体质，到了桥旁时，拉车的马匹突然惊叫了起来。赵无恤直觉一定又是豫让潜伏在附近，便下令卫队搜索，果然把豫让给逮了出来。赵无恤感叹说："豫先生啊，我敬重你的义行，上次已经放了你，这次可不能再放，你自己看着办吧。"豫让说："明主不掩人之义，忠臣不爱死以成名。您之前宽恕我的事，全天下都已经称颂您的贤德了。今日之事，我本当伏诛，但有一不情之请，就是希望您能将外衣脱下，让我用剑刺穿它，代表我为主复仇的决心，如此我虽死无恨。"赵无恤二话不说，便将外袍脱下让卫队交给豫让。豫让拔剑跃起，刺穿仇家的衣服后，就横剑自刎了。他们二人的行为都堪称忠义，值得人赞扬。

赵无恤被豫让感动，脱下外套让他完成最后的心愿

年度热搜榜

公元前四三九年

周考王二年 晋敬公十三年 魏文侯七年 齐宣公十七年 楚惠王五十年 秦躁公四年

> 呜哇

> 不玩啦……连一次都不让我赢……

> ……

公输般连续多次模拟攻城，都被墨子成功破解

沙盘推演化解干戈　墨子守备功力惊人

强烈主张"非攻"的墨翟（墨子），在听说楚国建造了新式的云梯车，即将兴兵攻打宋国的消息后，便日夜兼程，从齐国步行了十天十夜赶往楚国，以求能化解这一场战事，避免双方无谓的伤亡。墨翟求见楚王后，说："有一个明明已经拥有时尚名牌服饰、餐餐美味佳肴的人，却打算去偷邻居的破烂衣服和剩菜剩饭，您觉得这是个什么样的人呢？"楚王笑着回答说："这分明是个偷窃狂！"墨翟解释说："是啊，如今楚国物产富饶，宋国穷得连个像样的东西也没有，您要去攻打宋国，不是像这个偷窃狂一样吗？如果真要这样做的话，那可是有损道义又不可能成功的啊。"楚王说："墨先生讲的是没错，只不过公输般已经帮我造好了最新式的攻城云梯，不用可惜啊！只要用上这种最新的高科技武器，一定可以轻松拿下宋国。"于是墨翟请楚王找来公输般，两人就在楚王面前的沙盘上推演了起来。虽然公输般使用各种先进机巧的器具攻城，却都被墨翟一一化解，前后达九次之多。最后公输般的器具用完了，就说："我还有一种可以对付你的办法，只是我不便说出来。"楚王好奇地探问到底是什么办法，墨翟就说："公输般的意思是，直接把我杀了，这样就没有人可以用刚刚那些方法帮宋国守城了。不过，我早料到这一点，现在我的学生禽滑釐已带着三百名墨家弟子，拿着守城器具，站在宋国城墙上，打算用我刚才的那些方法来对付攻城的军队。"楚王早就听闻墨家弟子个个都是赴火蹈刃，死不旋踵的好汉子，认为这场仗毫无胜算，便终止了攻宋的计划。

流言终结者
公输般的木车马

最近流传着一个消息，就是人称"发明王"的公输般又研发了一种叫作"木车马"的新机具。它由木人驾驶自动前进，不需人力操控。只是听说公输般请他的母亲试乘这辆车，结果车子一去不返，他的母亲也就这样失踪了。目前权威部门已经否认现在的科技可以达成机械自动行走的技术，而对于公输般是否涉及虐待老人，或有杀人弃尸的嫌疑，公安部门业已积极介入调查。

> 都是你硬要装什么卫星导航啦，现在把妈弄丢了……你这臭老哥！

> 我以为这样比较方便……

公输般的母亲在乘上他新发明的木车马后，行踪成谜

【墨家防御术】备梯篇

先在城墙上方筑起高出原城墙二十尺的"行城"和"杂楼"，两者之间要保持适当的距离，以便拉起防护遮幕。行城上面再建立矮墙，矮墙下部凿开名叫"爵穴""辉鼠"的小孔，由两边向敌人夹射，或重点集射一处。同时借助机械的力量向敌人掷械，从城上不断地将箭、沙石、灰土、火把、滚水等物，如雨点般向下投射。另外，在矫墙外可以使用投射刀刃的发射机以加强防御，不过要是敌方使出冲撞器械的话，就要记得将发射机撤下，以免被撞毁。另外，再于定点摆放可反复使用的"蒺藜投"，推下城墙然后再拉上来，以打击攀爬的敌军。城墙上每隔二十步设置一座有两个门的"杀"，并备有一个阻止敌人前进的"鬲"。城外安置用连根砍断的树木所做成的"裾"，但要尽量深埋，不能让它被轻易拔起。"裾"的某些部分浅埋，要让它能很容易被拔出来，以便形成开口，然后在城上正对着开口的地方放置木桩，作为标志。城上每隔四尺挂一个悬火，五步设一口灶，并备妥炉炭。当敌人全部进入就放火烧门，接着投掷悬火。敌人如将悬火打灭，就再次投放不绝。如此反复多次，敌人必定疲惫不堪而领兵退去。敌人一旦退出，就令敢死队依城上的鼓声号令从左右出穴门追击，并趁着反击时布置埋伏，如此一来，用云梯的攻城方法就失败了。

年度热搜榜

公元前四三三年

周考王八年 晋幽公元年 魏文侯十三年 齐宣公二十三年 楚惠王五十六年 秦躁公十年

曾侯乙下葬　陪葬品惊人

在今年（前四三三年）曾国为国君姬乙（曾侯乙）举办的葬礼中，除了各国政要纷纷前来致祭外，记者也破例获得独家采访及参观墓室的机会。据礼仪专家表示，人死后的墓葬依身份大致可分为三个等级。一般民众多是只有内层的单薄棺木，或是直接埋在土中了事。稍微有一些身份或家产的，则会选用棺木外再加上一层外椁的形式入葬。陪葬的物品基于成本考量，则会使用以陶土烧制的仿青铜礼器，较富有的人家也偶有将奴隶杀死殉葬的。高级官员则会选用最高等级的多重棺椁下葬，并有成套的仿铜陶礼器，或是更尊贵高级的真正青铜礼器。而这次记者所参观的曾侯乙墓，则是采用了九个升鼎，并配有编钟，也就是天子及诸侯专用的最高等级的九鼎墓。由曾国官方公布的资料可以看出，此墓的椁室分为北、东、中、西四室，陪葬的青铜礼器及其他器物共有二百五十多件，编钟六十四件、编磬三十二件，其他的乐器若干，以及楚王特别致赠的镈一件。另外车马器也有一千多件，青铜兵器的数量则达四千五百多件。以上的陪葬物品清单，以及致赠物品的各国封君名册，则全数列于二百四十多枚竹简上。从各国所派来的使节及致赠的物品，以及墓葬的规格来看，曾国不但为先君姬乙做足了面子，也办了一次成功的国力宣传活动。以上是记者在曾侯乙墓室中所做的特别报道。

在记者身后的这一套编钟，就是曾侯乙墓中的陪葬品之一，从做工来看，真是一流的精品。

曾侯乙的墓室为最高规格的九鼎墓，其中包含许多价值不菲的陪葬品

年度热搜榜

公元前四〇八年

周威烈王十八年 晋烈公八年 魏文侯三十八年 韩景侯元年 赵烈侯元年 齐宣公四十八年 楚简王二十四年 秦简公七年 燕简公七年

与部下同甘又共苦
魏将吴起拔秦五城

　　魏氏自从魏驹之子魏斯（魏文侯）继位以来，由于任用了许多贤能的人并进行改革，势力便日益强盛了起来。于是在公元前四二四年，未得到周王国认证的情况下，便自称为侯，并从公元前四一三年起，不断地向西侵吞秦国的领土。从今年（前四〇八年）起，魏将吴起用了两年的时间，攻克秦的临晋、元里、洛阴、郃阳等城，将秦国的河西地区全部划为魏氏的领地。秦国只好退守洛水，沿河修筑防御工事，防止魏氏再进一步西犯。这次替魏氏立了大功，而被任命为西河郡守（地方行政长官）的吴起，原本在鲁国任职，当时齐、鲁两国互有征战，但吴起的妻子是齐国人。为了证明自己的忠贞不贰，吴起就把自己的妻子杀了，然后率领鲁国军队击败齐军。但事后却因有人向鲁国国君挑拨，吴起恐怕自己被害，又听说魏斯贤明，于是便投奔魏氏。而记者根据在部队中的实地调查，发现吴起虽然身为大将，日常生活却和最卑微的士兵无异。他和士兵们吃一样的食物，穿一样的衣服，一样睡在地上，一样徒步行军，不但自己背负干粮，而且亲自用嘴巴帮受伤长疮的士兵吸脓。难怪吴起的部队上下一心，人人都肯为他卖命，成就了这位一代名将。

被告利用职权，吸吮被害人屁股上的伤口，依法判决有罪！！

这是扭曲事实的判决，我要上诉！

魏国大将吴起与士兵同甘共苦，不只和士兵吃一样的食物，一样徒步行军，还亲口为受伤长疮的士兵吸出脓汁

秦国土地改革
按土地面积征税

秦国在河西之地被魏所夺的压力下，不得不进行改革图强，舍弃了实施数百年的"井田制度"。秦国在今年开始"初租禾"的制度，按地主所有田地的面积，征收一定数量的谷子当作地税。其实秦国的土地改革，相较于中原诸国是落后许多的。早在春秋末期，晋国六卿就已废除井田制度，各家采取了不同程度的按亩征税制度。其中韩、魏、智等五家，分别以一百六十步到二百步为一亩，并征收百分之二十的地税。而赵氏一族则特别宽厚，以二百四十步为一亩，而且不向百姓征收地税。所以赵氏在六卿初期的竞争中，得到较多百姓的支持，使其实力能在其他五家之上。

魏伐中山　赵国借道
恐另有图谋

魏斯（魏文侯）想要攻打中山国，但中间又隔着赵氏的领地，于是便派人向赵籍（赵烈侯）借道。本来赵籍并不想答应，但有族人提醒他说："如果魏不能成功地攻下中山，那它的实力就会大为衰减，彼消我长，我们赵家就会更为强大。如果魏可以拿下中山的话，最后也没有办法跨越我们的领地而据有中山，那么就会变成用兵出力的是魏，而坐享中山之地的则是我们赵家。所以不如答应借道，但切记不可露出高兴的神情，以免我们的意图被发现。记得，要表现出十分不得已的样子，这个计谋才能成功。"于是，赵籍就在这种"不得已"的情况之下，让魏将乐羊领军穿越领地，往中山国进军了。

赵国刻意在魏国面前表现出很勉强的样子，以免被发现答应借道背后的真正意图

年度热搜榜

公元前四〇六年

周威烈王二十年 晋烈公十年 魏文侯四十年 韩景侯三年 赵烈侯三年 齐宣公五十年 楚声王二年 秦简公九年 燕简公九年

乐羊喝下亲子羹汤　悲痛中覆灭中山国

> 听说就是在这边做的……

> 到底是哪一摊?

中山国把魏国大将乐羊的亲生儿子煮成羹汤,企图阻止魏军的攻击。但乐羊不为所动,在强忍悲伤吞下羹汤后,发动猛烈的攻势,一举覆灭中山国。

魏斯派大将乐羊攻击中山国,但是当时乐羊的儿子正好在中山国内,所以就被抓来当作人质以作为要挟。不过乐羊竟然不为所动,反而加紧攻城。中山国国君见要挟没有用,一气之下便把人质活生生地丢到大锅中煮成肉羹,然后派人送去给乐羊。乐羊见到自己的亲生骨肉被烹煮成肉羹,只好强忍悲痛,当场将一大碗羹汤喝下肚,然后发起一波又一波的猛攻,直到把中山国攻灭。魏斯得到中山国之后,因为中间隔着赵家的领地难以管理,便赐给儿子魏击作为领地,并任命李克为中山相(地方行政长官)来协助治理。

河伯娶妇！西门豹破恶习

魏斯所任命的邺县县令（地方行政长官）西门豹在到任之后，听闻地方上有一流传已久的恶习，就是当地的三老（地方长老），每年都和资深女巫以及县衙的官吏勾结，以"河伯娶妻"的名义搜刮民脂民膏。在这硬抢来的数百万钱中，除了二三十万用于这一活动外，其余则全部被他们中饱私囊。更夸张的是，年岁已经七十的女巫，还会从民间选出面貌姣好的年轻姑娘，然后在祭典当日将其沉入河水之中嫁给所谓的河伯，以祈求来年河水不会泛滥。所以城中只要有女子的人家，都会逃离此地。这不但导致当地人口越来越少，而且使得百姓越来越穷。

今年西门豹便通告全县要扩大举办河伯娶妻的祭典，并特别邀请地方三老、女巫及全县父老参加，他自己也会出席这场盛典。到了当天，到场围观的有两三千人之多，就在女巫要将今年选中的少女推入河中之前，西门豹突然说："等等，这个女孩长得太丑了，麻烦巫师婆婆您亲自下去向河伯通报一声，说我改天会帮他换一个漂亮一点的。"于是西门豹的手下就把老巫婆丢进了河中，过了一阵子，又说："咦？怎么下去这么久，看来要麻烦巫师门下的弟子去看看是什么情形。"于是又陆陆续续丢了三个巫师的女弟子下去。过了许久，西门豹又说："哎呀，巫婆

西门豹将巫婆丢入河中，以破除河伯娶妻的迷信恶习

的徒弟都是女的，办不了事，看来还是请三老去沟通沟通比较妥当。"于是又把平时作威作福的三老丢进了河中。此时那些共同参与的官吏与地方豪强，都已吓得面无人色，纷纷跪在地上磕头讨饶，磕得额头都破了，血流满面还不敢停止，生怕自己就是下一个被丢下河的人。于是西门豹就此作罢，并下令不得再提什么河伯娶妻的事。西门豹事后向记者表示，破除恶习只是第一步，接下来更重要的是要为百姓治理水患，他预计将开凿十二条水渠，待完工之后，邺地百姓就不会再为水患所苦，可以安心地生活。

年度热搜榜

公元前四〇五年

周威烈王二十一年　晋烈公十一年　魏文侯四十一年　韩景侯四年　赵烈侯四年　齐宣公五十一年　楚声王三年　秦简公十年　燕简公十年

李悝受命任魏相
变法图强翻新页

魏氏一族发出新闻稿，由族长魏斯亲自任命李悝为相（高级官员），开始推行一系列的变法改革。听说李悝在公元前四一三年担任上地郡守（地方行政长官）时，为了提高该地民众的射箭技能，曾下达以射箭成绩决定官司胜负的命令。于是上地的百姓都疯狂地练习射箭，到了与秦国打仗的时候，果然就因此而大败秦军。而李悝这次提出的改革，主要有三大项：（一）为免单一作物歉收，要求农民同时栽种多种作物，并充分利用空间，在各处尽量栽种。同时鼓励农民努力耕作以提高产量，预估一年可以增产一百八十万石。（二）实行"平籴法"，在丰年的时候，由政府依规定的价钱，直接向农民购买多余的粮食存放起来，以免粮价过低使得农民血本无归。而在歉年的时候，政府再将存粮以一定的价钱卖到市场上，以稳定物价，免得粮价畸高影响百姓生计。（三）颁布《法经》，将其作为司法审判及各种刑罚的依据，使魏国成为当今之世第一个法治化的地区。分析家普遍认为，李悝此次的改革，应该会让魏氏一族更为壮大，跻身当世强国之列。

下一个不用射了，判你官司败诉……

我没射中吗？

不，你射中了。

李悝担任地方官员时，以双方射箭的成绩来判定官司胜负，借此让百姓勤于习武

【专题报道】李悝的《法经》

李悝参考当时诸国的规定，编成了第一部有系统的法典，内容分为《盗法》《贼法》《囚法》《捕法》《杂法》《具法》六篇。其中《盗法》规定关于侵犯私有财产的相关法条，《贼法》则是与人身伤害及侵犯相关的规定，《囚法》内容为断狱审判的细则，《捕法》所讲的是追捕逃犯的要项，《杂法》则主述赌博、诈欺、贪污、淫奢等行为的罚则，最后的《具法》则是根据具体情况所做加重或减轻其刑的规定。李悝认为要推行王者之政，最重要的就是关于人身安全及私有财产的保障，所以将《盗法》《贼法》两篇置于《法经》之首。

年度热搜榜

公元前四〇四年

周威烈王二十二年 晋烈公十二年 魏文侯四十二年 韩景侯五年 赵烈侯五年 齐康公元年 楚声王四年 秦简公十一年 燕简公十一年

> 我到今天才知道你们三个真是大好人，虽然联合起来欺负我，但却没有向我勒索金钱或土地……

> 是啊，只要你带我们去见老板就可以了。

感动万分

韩、赵、魏三晋联军，以步兵军团击败了齐国的车阵，并要挟齐国国君向周天子推荐，将三晋升格为诸侯

步兵崛起车战式微　三晋联手重创齐军

由于齐国去年（前四〇五年）发生内乱，韩、赵、魏三家便联合出兵，与齐国军队展开一场大会战。值得注意的是，三晋的部队舍弃了传统的战车编制，改以步兵为主力，以灵活机动的行军调度，包围了齐军密集排列的车阵，并发动袭击，导致齐军伤亡惨重。事后估算，齐军总计损失战车两千乘，阵亡士兵达三万名，尸体堆积起来有两座山丘那么高。之后三晋军队乘胜追击，围攻齐国西方边境的要塞平阴，并由此处攻破齐国的边防长城。军事分析家认为，此一战役的结果，必将导致战争形态的彻底改变。自此之后，车战的时代已告终结，今后以步兵为主要编制的部队，将成为作战的主力。另外，分析家也指出，由魏斯所主领的三晋联军，伐齐的目的似乎并不在兼并齐国的土地，而是打算使用武力让齐国国君姜贷（齐康公）屈服，并要挟他陪同觐见当朝天子姬午（周威烈王），要求周朝王室颁布正式命令，将韩、赵、魏三家升格为诸侯。而目前已毫无政治实力、只剩下一具空壳的周天子，看来也只能无奈地答应三晋的要求了。

年度热搜榜

公元前四〇三年

周威烈王二十三年 晋烈公十三年 魏文侯四十三年 韩景侯六年 赵烈侯六年 齐康公二年 楚声王五年 秦简公十二年 燕简公十二年

三家分晋！八大国引领风骚

周天子姬午（周威烈王）于今年（前四〇三年）宣布，魏、赵、韩三家正式升格为诸侯国，分别以魏斯（魏文侯）、赵籍（赵烈侯）及韩虔（韩景侯）为三国国君，享有与其他诸侯同等之地位与礼遇，并合法拥有各自的领地，不再隶属于晋国。而可怜的晋国惨遭魏、赵、韩三国瓜分之后，只剩下一小块国土，手上资源少得可怜，名义上虽然还是一个诸侯国，但实际上已在政治舞台上被宣判出局。经过这一番洗牌，目前台面上活跃的强国，除了南边与周王国分庭抗礼的楚国及越王国外，周的版图内计有六大诸侯，即东北的燕、东边的齐，中原地区新生的魏、赵、韩，以及在西边文化较为落后的秦。而曾经风光一时的晋国，则已沦落到比卫、宋、郑、鲁等小国更不如的地位，与周王室同病相怜，成为一个小小国。

赵籍（左）、魏斯（中）、韩虔（右）正式升格为诸侯

韩赵相争 魏当老大

三晋升格之后，彼此间的是非也跟着多了起来。韩、赵之间有了一些纠纷，韩虔（韩景侯）咽不下这口气，便派人至魏国请求一同出兵攻赵。但是魏斯却要韩国的使者回去答复说："魏与赵乃兄弟之邦，不敢从命。"赵籍（赵烈侯）听说韩国有出兵的打算，也派人向魏国请求出兵协助攻韩。魏斯同样也告诉赵国的使者说："魏和韩为兄弟之邦，不敢从命。"韩虔和赵籍原本对于魏斯不肯出兵帮助自己，都觉得十分生气，但是当他们知道魏斯也向对方说同样的话，把自己当作兄弟之邦看待时，都十分感动。于是韩、赵之间也暂时化解了干戈，把魏斯当成三晋的老大而亲自到魏国朝觐。

年度热搜榜

公元前四〇二年

周威烈王二十四年 魏文侯四十四年 韩景侯七年 赵烈侯七年 齐康公三年 楚声王六年 秦简公十三年 燕简公十三年

官兵抓强盗 强盗杀国君
楚王死于非命

楚国近年来治安败坏，盗匪横行，不仅一般平民百姓的生命财产受到威胁，连王室贵族也惨遭毒手。当朝楚王熊当（楚声王）在日前竟为盗匪所杀，引起各界震撼。目前楚国政府已下令全力缉捕盗匪，并加强城区的巡逻。至于悬缺的王位，已由贵族们共推熊当之子熊疑（楚悼王）继承。

喂！我是楚王，你想干吗？

嘿！我是强盗，想要杀你……

楚王熊当意外遭到盗匪杀害身亡

【金融专栏】消费者物价指数

根据最新一期的消费者物价指数，主要粮食粟的价格，目前稳定在每石三十钱左右。而魏国相（高级官员）李悝统计，每亩田的年产量平均约为一点五石，以一个五口之家来算，耕种面积约一百亩，也就是每年可收成一百五十石，扣除百分之十的土地税十五石，以及全家人一年所需的粮食九十石，剩下的四十五石可以卖到一千三百五十钱。但光是各种祭祀费用就得用去三百钱，每人每年衣服的费用要三百钱，全家又得用去一千五百钱，根本是入不敷出。所以百姓普遍得赚取额外的生活费，例如在田间或屋旁加种适合的作物、饲养禽畜或织布贩售等。小型家畜在市场上每头约可卖到二百五十钱，而一幅宽二点五尺长八尺的布约为十一钱，多少可以补贴些家用。不过要是当年歉收或政府临时加收税赋，百姓日子过不下去的话，就只好向贵族或地主借高利贷，然后便陷入越来越穷的境地了。

家庭平均年收支统计表

总收入	150石×30钱	4500钱
支出	10%税金	450钱
支出	粮食	2700钱
支出	服装	1500钱
支出	祭祀	300钱
结余		-450钱

额外收入

◎小家畜一头可卖250钱
◎一幅布可卖11钱

年度热搜榜

公元前三九七年

周安王五年　魏文侯四十九年　韩烈侯三年　赵烈侯十二年　齐康公八年　楚悼王五年　秦惠公三年　燕简公十八年

韩国国相被刺身亡　杀手自毁容貌无法追查

在去年（前三九八年）郑国发生国相（高级官员）驷子阳被贵族刺杀的事件后，今年（前三九七年）三月，韩国又传国相被刺，朝野为之震惊。据现场目击者表示，当韩相（高级官员）韩傀（又名侠累）在官邸中主持会议时，突然有一身份不明的刺客突破防备森严的警卫部队，在众人还来不及反应的时候，便已挥刀割断韩傀咽喉，使得韩傀当场血流如注，气绝身亡。官邸的警卫部队随即将刺客团团围住，刺客眼见无法脱身，便毫不犹豫地拿起利刃在自己脸上划了数刀，脸皮全被割破，再挖去双眼，最后又把已经沾满鲜血的刀刃刺入腹中而死。由于刺客容貌全毁，无法辨识，目前案情已陷入胶着。专案小组认为，刺客毁容的用意，一来在于避免循线查出指使之人，二来在于保护自己的家人免于受到牵连，因为杀害朝廷大臣可是诛三族的重罪。另外，与小组成员熟识的记者私下探知，另一个与韩傀同朝为官的大臣，也就是一直与其争宠的政敌严遂，可能与此案脱不了关系。关于这一点，与外界的臆测相同，但是因为没有任何的证据，所以目前尚无法进行更深入的调查，只能将刺客的尸首拖到市街广场上展示，希望有民众出面指认。倒是严遂已召开记者会，严厉谴责此一暴力行为，并极力撇清与此案的关联。

行刺事件的凶手自毁容貌，身份无法辨识

刺客亲姐指认
杀手聂政身份大白

  原本陷入胶着的韩相（高级官员）被刺一案，令人意外地出现大转折，日前有一位妇人到广场指认刺客就是她的亲弟弟。据广场上的目击民众表示，该名妇人是在听到消息后，由轵邑特别赶往韩国首都平阳认尸的。她确认尸体特征后，便跪在尸体旁，抚尸痛哭说："这个人是轵邑深井里的聂政啊！他因为怕连累我这个姐姐，所以才自我毁容隐藏身份。我可怜的弟弟，姐姐又怎么会贪生怕死，而使你埋没了英名啊。"说完，便在尸体旁边自杀身亡，姐弟俩共赴黄泉了。有了这一条关键的线索，专案小组重新燃起了破案的一线希望，已派人前往轵邑深入调查。

刺客聂政身份终于曝光

韩相被刺案　严遂疑为幕后主使

被怀疑为行刺案幕后主使的大臣严遂，矢口否认涉案

  专案小组最新的调查结果，证明与已故韩相（高级官员）韩傀争权的大臣严遂，果然在之前曾经进出杀手聂政的家中。据不愿透露身份的证人表示，严遂曾经准备了二千四百两黄金，当作聂政母亲的生日贺礼。专案小组判断，这笔黄金极有可能就是严遂要商请勇武过人的聂政当作杀手的酬金。不过聂政似乎以母亲尚在，需要他在旁奉养为由，拒绝了此项请求，也将黄金退了回去。不久，聂政的母亲去世之后，聂政就仿佛从家乡消失了一般，再也没有人见过他。也正因如此，他的姐姐才会在听到消息后，直觉地认为那就是聂政，并忐忑不安地前往认尸。不过，经过追查，由于聂政并没有收下那笔黄金，证人不愿出庭指控，加上严遂也矢口否认涉案，背后又有政治力量不断对专案小组施压，所以本案的调查以被害人韩傀、凶手聂政，以及凶手的亲人都已死亡为由，正式结束。

年度热搜榜

公元前三九六年

周安王六年 魏文侯五十年 韩烈侯四年 赵烈侯十三年 齐康公九年 楚悼王六年 秦惠公四年 燕简公十九年

郑国贵族互攻　国君被杀身亡

前年（前三九八年）发生的郑国国相（高级官员）驷子阳被刺杀一案，又有新的惊人发现。当初驷子阳在郑国执政时，以严格执行法令并施以重罚而闻名，虽然政治颇有一新之气象，但也得罪了不少平时仗势胡来的贵族。而贵族公孙申在忍了许久之后，终于逮到了机会，趁着驷子阳的部下不小心折断一把弓而担惊受怕之时，煽动他利用疯狗造成混乱，然后把驷子阳给杀了。由于整起事件郑国国君姬骀（郑繻公）及贵族涉入极深，所以驷子阳的族人及残余势力经过两年时间的整合及策划后，终于在今年（前三九六年）发动反击，杀死国君姬骀，并另行拥立姬贻的叔叔姬乙（郑康公）继位，由驷子阳派系夺回政权。

文侯辞世魏击继位
吴起竟与新相争功

威震各方的魏斯（魏文侯）于今年（前三九六年）去世，由太子魏击（魏武侯）继任魏国国君之位。魏击之前在吴起进攻中山国之后，曾被外封当地，后来回到魏国。魏击即位后，以田文为国相（高级官员），引起曾立有大功的吴起不满。有一天，吴起刚好碰到了新上任的田文，就不怀好意地对田文说："咱俩讨论一下谁替魏国立下的功劳大，可以吗？"田文回答："可以啊。"吴起便滔滔不绝地说了起来："统领三军，保卫国家，你和我谁比较行？""我不如你。""那治百官、亲万民、充实国库，又是谁比较行？""我还是不如你。""镇守河西，使秦国不敢有东向的野心；威震天下，使韩、赵尊魏为盟主，你比得过我吗？""当然比不过。"吴起没好气地说："既然这三件事，你都不如我，那你凭什么官位在我之上？"田文仍是一派淡定地回答说："主少国疑，大臣未附，百姓不信，请问在这种时刻，是你比较适合当国相，还是我比较适合当国相呢？"吴起愣了一下，思考许久，回答说："嗯，看来是你比较适合。"田文笑着说："呵呵，这就是我为什么官位在你之上。"据闻，从此以后，吴起便自知不如田文，不再表示任何不满了。

吴起对于田文接任国相一事十分不满

年度热搜榜

公元前三九一年

周安王十一年 魏武侯五年 韩烈侯九年 赵烈侯十八年 齐康公十四年 楚悼王十一年 秦惠公九年 燕简公二十四年

三晋伐楚　秦攻宜阳

魏、赵、韩自从公元前四〇〇年开始，在魏斯（魏文侯）的主导下，便屡次向楚国发动攻击。今年（前三九一年）在魏击（魏武侯）的策划之下，三晋再度对楚兴兵，于大梁、榆关两地大败楚军。于是楚国赶紧以重金拉拢秦国，作为对三晋的牵制。秦国果然出兵攻击韩国的宜阳，不但夺取六个村落，也暂时中止了三晋对楚的攻击。目前大梁已被魏国占领，而中原的出入门户榆关，则仍为楚国所有。

大臣驱逐国君　田和掌控齐国

齐国最具势力的田氏一族，自从公元前四八一年由当时担任左相（高级官员）的族长田恒发动政变，杀死右相（高级官员）及国君姜壬（齐简公）之后，便扫清国内反对势力，独霸齐国政坛达三代之久。田恒的曾孙田和终于在今年（前三九一年），将权力早被架空的齐国国君姜贷（齐康公）扫地出门，逐出齐国都城临淄，放逐到东方海边的一处小城。不过田和并没有赶尽杀绝，还将小城的赋税留给姜贷去收取，以作为祭祀姜氏祖先所需之费用。政治分析家认为，田和下一步极可能会仿效当初魏斯（魏文侯）的做法，想办法请求周天子给予其正式的诸侯名分。

齐国重臣田和掌握军政大权，将国君架空，并将其放逐到海边的偏僻小城

年度热搜榜

公元前三九〇年

周安王十二年 魏武侯六年 韩烈侯十年 赵烈侯十九年 齐康公十五年 楚悼王十二年 秦惠公十年 燕简公二十五年

> 还不快给我去洗衣服……
>
> 呃……我这就去。

吴起目睹公叔被他那公主妻子虐待的惨状后，吓得不敢答应与公主的婚事

拒与公主成亲　吴起弃魏奔楚

　　魏国国君魏击（魏武侯）原本打算将公主许配给大将吴起，但没想到吴起竟然当场婉拒这个平常人梦寐以求的婚约。事后魏击十分生气，开始认为吴起心不在魏国，迟早有反叛的可能。吴起在得知魏击为这件事震怒的消息之后，感到惊惧不已，怕魏击随时会翻脸无情把他杀了，于是就只好抛弃官位田宅，往南逃到楚国去了。记者事后专程到楚国访问了吴起本人，才发现这中间竟隐藏着一起歹毒的政治阴谋。原来在魏相（高级官员）田文死后，由大臣公叔继任国相一职。但公叔忌妒吴起的才能，生怕哪天吴起会影响到自己的地位，于是便设下一个圈套。他先对国君魏击说："吴起是个大英雄、大人才，我担心我们魏国太小，留不住他。唯一的办法是许配一位公主给他，让他与您有联亲之谊。如果他有留在魏国发展的决心，就会高高兴兴地迎娶公主过门。如果他拒绝了这门亲事，就证明他有异心。"然后，公叔又私底下在家中设宴邀请吴起，并事先和他那也是公主出身的老婆讲好，在宴会时唱了一段双簧。公主特意表现出蛮横不讲理又百般侮辱的行为，公叔则是唯唯诺诺受尽委屈的可怜模样，让吴起看在眼里，深深地同情不被公主当人看的公叔。所以后来魏击向吴起提亲时，吴起才会吓得不敢答应，生怕步公叔的后尘，一辈子抬不起头来。后来他发现这一切都只是公叔设下的圈套时，却为时已晚，只好逃往楚国。所幸楚王熊疑（楚悼王）早就欣赏吴起的才干，恨不得能早将他挖过来，便大为重用，令吴起担任宛城郡守（地方行政长官）。

年度热搜榜

公元前三八九年

周安王十三年 魏武侯七年 韩烈侯十一年 赵烈侯二十年 齐康公十六年 楚悼王十三年 秦惠公十一年 燕简公二十六年

魏侯代为说情　周王允诺田和封侯

前年（前三九一年）已经将国君驱逐，并完全掌控齐国军政的田和，利用与魏击（魏武侯）在浊泽举行高峰会的时机，请魏击帮他从周朝王室取得正式的诸侯资格。魏击认为田和既已实为齐国的主政者，为了两国关系的发展，便爽快地答应这项请托，做了个顺水人情。根据魏国派往周王室的使者回报说，当朝天子姬骄（周安王）已经允诺此一请求，并下令相关部门着手进行准备，将在适当的时候宣布此项命令。

吴起升任令尹 楚国变法改革

投奔楚国才一年的吴起，再次受到楚王熊疑（楚悼王）的重用，被拔擢为令尹（高级官员）。初次执掌国政的吴起，认为楚国政治腐败、国力衰微，分封贵族太多，势力也过于庞大，必须进行全面性的变法改革。在得到楚王的支持后，吴起首先拿贵族开刀，立法规定贵族封有爵位领地者，子孙三代后就取消封爵俸禄，并且强迫贵族必须带着族人迁往荒凉之地。这一措施一方面打击贵族在都城中的旧有势力；另一方面可以开垦荒地，充实国力。接着又削减官吏的等级及薪俸，淘汰冗员及无能的官吏，将省下来的钱拿来编训兵士，以增强军力。然后整顿楚国的法治，杜绝私人请托，严禁官员因谋取私利而渎职不法。政治观察家指出，吴起一系列的改革方向十分正确，如果能贯彻下去的话，几年之内楚国将成为一等一的强国。不过要注意的是，此次改革剥夺了太多既得利益者的权益，是否会受到反扑，是成功与否的关键所在。

年度热搜榜

公元前三八六年

周安王十六年 魏武侯十年 韩文侯元年 赵敬侯元年 齐康公十九年 田和元年 楚悼王十六年 秦出子元年 燕简公二十九年

田氏代齐 田和晋升诸侯

周天子姬骄（周安王）于日前正式颁布命令，封田和（齐太公）为齐国国君，享有与其他诸侯同等之地位与礼遇，并合法拥有原姜氏齐国的所有领地。而在公元前三九一年时，就已经被田和驱逐到海边小城的姜贷（齐康公），对于此项命令可以说没有任何反应。看来他对于自己的国家、领土被夺这件事早已看破，目前所盼望的，大概就是能在小城中安养终年，不要惹来杀身之祸便知足了。

> 今天起，这个位置就我坐了……那边的小板凳就留给你了，哈哈！

田和获得周朝天子的正式授权，晋升为诸侯，成为齐国的合法统治者

赵国迁都邯郸　公子朝叛变失败

赵国贵族赵朝，趁着举国迁都的时候起兵作乱，企图推翻尚未稳固的赵章（赵敬侯）政权。由于行动未能成功，所以赵朝逃到魏国，与魏国串联袭击赵国新都邯郸，但最终仍以失败收场。去年（前三八七年）才刚继位的赵章，是赵籍（赵烈侯）之子，但是在公元前四〇〇年赵籍逝世时，因为赵章年纪太小，便由叔父代掌国政。直到去年叔父死亡，赵章才正式继位为国君。赵章继位后，便将赵国国都由中牟迁到邯郸，并将都城规划成行政中枢的宫城区和商业中心的大北城区两部分。财经学者预测，此项新的城市规划，将使邯郸在几年内迅速成为一座繁荣的大都市。

年度热搜榜

公元前三八五年

周安王十七年 魏武侯十一年 韩文侯二年 赵敬侯二年 齐康公二十年 田和二年 楚悼王十七年 秦出子二年 燕简公三十年

秦国上演王子复仇戏码 二十九年终于夺回大位

> 我也算出国近三十年的留学生呢。
>
> ——嬴师隰

公元前四一五年时，秦国国君嬴肃（秦灵公）去世，由嬴肃的叔父嬴悼子（秦简公）夺得政权，嬴肃之子嬴师隰（又名嬴连）只好到魏国避祸。到了公元前四〇〇年，嬴悼子死了，传位给自己的儿子（秦惠公），前三八七年再传位给年仅两岁的第三代（秦出子）。由于国君年纪太小，暂由其母亲和宦官掌权，这引起了国人的反对。这时二十多年来生活在魏国，目睹了魏国变法图强的嬴师隰，便想利用这个政局不稳的机会，重新夺回原本属于他的政权。他本来计划从郑所之塞返国，但遭到守塞官员拒绝，只好绕了六百里，改从焉氏塞，在庶长（高级官员）菌改的迎接下回到秦国。秦幼主的母亲听到这个消息十分惊骇，便派部队前去击杀嬴师隰一行人。但这些士卒却倒戈跟随嬴师隰，于是嬴师隰便带着这些部众，包围都城，将年幼的国君及其母亲逮捕，并丢到河中处死。离乡背井近三十年的嬴师隰（秦献公）终于复仇成功，成为秦国国君。而嬴师隰能否将魏国的变法图强模式，复制到这个地处西陲文化远远落后于中原的国家，将是本世纪最值得注意的一件大事。

韩攻宋强掳国君

韩国趁着赵国将注意力放在卫国，而齐国出兵攻击鲁国的时候，先是发兵袭击郑国，攻取阳城，然后又向宋国进军。韩军一路打到了宋国的新都彭城，俘虏了宋国国君宋购由（宋悼公）。宋国随即拥立宋购由之子宋田（宋休公）继位，免得被敌人要挟，而被俘的宋购由不久后便死了。另外，东边的齐国也传出国君易位的消息，田氏齐国国君田和（齐太公）去世，由其子田剡（田侯剡）继位，原姜氏齐国国君姜贷（齐康公）则仍然居于海边小城。

秦国进行改革 废止活人殉葬

嬴师隰夺回国君之位后，便以他在魏国游历之心得，启动了改革的列车。而改革的第一步为"止从死"，废除了秦国三百年来以活人殉葬的野蛮习惯，限制了贵族的特权，也保障了奴隶的人身安全。同时，嬴师隰也下令开始规划迁都，准备于后年（前三八三年）将国都由雍城迁到栎阳。

年度热搜榜

公元前三八二年

周安王二十年　魏武侯十四年　韩文侯五年　赵敬侯五年　齐康公二十三年　田侯剡三年　楚悼王二十年　秦献公三年　燕简公三十三年

卫国得魏协助　破赵军取刚平

去年（前三八三年）赵国在国君赵章（赵敬侯）的命令下，进军卫国的都城濮阳。赵军先在濮阳的北面筑了刚平城，作为进攻的根据地，并采用如蚂蚁般攀爬城墙围攻的"蚁傅"战术，发动猛烈的攻击。卫国在危急中向魏国求援，于是魏击（魏武侯）亲率大军赴援，在兔台大败赵军。今年（前三八二年），卫国乘势反攻，不但夺得了赵国的前进基地刚平城，还攻破了中牟的城墙，让举兵来犯的赵国碰了一鼻子灰。

天文异象　日全食

据天文台的推测，今年（前三八二年）八月一日九时十二分将出现日全食的奇景，中原地区及秦国境内，都可以观测得到。不过天文台也提醒民众，观察时千万不可以肉眼直视，以免视力受损。

【墨家防御术】备蚁傅篇

要防备像蚂蚁一样攀墙而上的众多敌军，就要修筑临时城垛以做射箭之用。并以机械向爬城的人射击，同时移除敌方爬城的器具，再以火把、沙石及滚烫的开水从上方反击攀爬的敌兵。另外，用二寸厚的木板，依需要的数量，做成前后各三尺宽、两旁及高各五尺、能上下滑动的悬车，内置一手拿长矛的士兵。用铁链套住悬车上端的横梁，装上滑轮，派四个强壮的兵士转动滑轮以控制车体急速上升或下降。再制作长宽各一丈二尺的"累苔"，用泥水中浸泡过的大麻绳系住，并以铁链钩住两头的吊环，必要时可点燃，从上往下罩住敌人。还要制作"火捽"或称为"传汤"的防守工具，就是先固定住两个轮子，然后在中间放置易燃物品，两边布装荆棘。待敌人登城时，就点燃"传汤"，砍断吊绳让它滚下，并以热汤开路反击敌人。在城墙外深埋五排锋利的木桩，城角建造多层的城楼，城上备设行楼，每五步准备一堆不少于二十笼的土，还要设置"杀"和水盆等物，其他城外的防御工事则与"备梯篇"相同。

怎么办？是真的红火蚁攻击……

墨家善于防御敌人像蚂蚁一样的蚁傅攻城法

年度热搜榜

公元前三八一年

周安王二十一年 魏武侯十五年 韩文侯六年 赵敬侯六年 齐康公二十四年 田侯剡四年 楚悼王二十一年 秦献公四年 燕简公三十四年

吴起 领兵入魏要害　　赵国 引军趁势反击

楚令尹（高级官员）吴起决定出兵助赵，派遣先锋部队深入魏国境内，渡过黄河，与魏军在州西交战。然后主力军团向大梁方向推进，屯驻于林中，切断了魏国河内与河东之联系。赵国则是趁着魏国危急的时刻起兵，先以火攻取得了棘蒲，再南下夺得了黄城。魏卫与赵楚之间的争战，从公元前三八三年持续到现在，先是赵国受挫，后来魏国也遭到更大的创伤，看来两国都需要一些时间来恢复了。

> 我死得好好的，你干吗拖我下水！
>
> 对不起。

受到暴徒攻击的吴起，逃到楚王的尸体旁，仍难逃被乱箭射死的命运

楚王去世顿失靠山　　贵族反扑吴起惨死

楚王熊疑（楚悼王）于今年（前三八一年）突然去世，原本依靠楚王的信任而大刀阔斧从事改革的吴起，一时之间顿失靠山。就在吴起前往楚王治丧之所时，那些因改革而被剥夺许多既得利益的贵族，便趁新君未立之时发起武装暴动，群起追杀吴起。吴起眼看无法避过这一劫难，便逃到灵堂，伏在老国王的尸体上。暴徒们乱箭齐射，吴起当场惨死，但这些贵族所射出来的箭，也同时射中了楚王的尸体。于是熊疑的儿子熊臧（楚肃王）在把老爹安葬完，正式继位之后，便立刻以伤害先王遗体的罪名，逮捕了参与暴动的贵族七十余家，全都处以诛三族的极刑。而死后还能报仇的事，大概也只有吴起才有办法做得到吧。吴起原本任职于鲁国，却无端因为国君的疑心而出奔。到了魏国，虽立下大功，却也因被疑而无奈逃亡。最后在楚国终得一展抱负，但最终的下场仍是以满腔热血换来横遭惨死。分析家普遍认为，由于吴起的死亡，导致变法半途而废，原本已踏上富强之路的楚国，在整体的发展上，恐怕是要大打折扣了。

年度热搜榜

公元前三七九年

周安王二十三年　魏武侯十七年　韩文侯八年　赵敬侯八年　齐康公二十六年　田侯剡六年　楚肃王二年　秦献公六年　燕简公三十六年

姜齐灭亡 中山复国

被田氏一族驱逐到海边小城的姜贷（齐康公），在隐忍丧国之耻多年后，于今年（前三七九年）含恨去世。由于姜贷没有子嗣，所以由姜尚（姜太公，姜子牙）开始，至今已传位七百四十四年的姜姓齐国，正式灭亡。其留下的领地，则由田剡（田侯剡）收回，并入田氏齐国版图。而早在公元前四〇六年被魏国吞灭的中山国，则是趁着魏、赵、楚等国混战，魏国没有能力跨过赵国控制中山的大好时机，借附近狄族部落之助，驱逐了魏国的统治者而复国。

> 欢迎齐国国君上台致辞……
>
> 咦？齐国不是灭亡了吗？
>
> 那是旧的姜姓齐国，现在是新的田氏齐国，不一样……

立国七百四十四年的姜姓齐国灭亡，由田姓齐国取而代之

电视购物

> 现在特别加码，再送5个可替换的笔头。
>
> 现在就拨打热销专线，只限30组哦！

最新产品：
科技毛笔

限时抢购 30组
热销专线：12345678

特价：999元

【科技新知】毛笔

毛笔是目前最为先进且方便的书写工具，可以在竹简或布帛之上书写。通常在制作时，会先取长十五至二十厘米、口径零点五至一厘米的细竹筒作为笔杆，再把竹筒前端用刀剖开，将笔头插入其中，固定之后便可使用。而笔头则多以兔毛制成，再用丝线缠紧，长度四至六厘米。笔头损毁之后可以更换使用，十分环保且方便。

年度热搜榜

公元前三七六年

周安王二十六年 魏武侯二十年 韩哀侯元年 赵敬侯十一年 田侯剡九年 楚肃王五年 秦献公九年 燕简公三十九年

韩赵魏吃干抹净
晋国从此覆亡

近年来彼此攻伐不休的魏、赵、韩三国，终于有了意见一致的行动，就是联手把苟延残喘的晋国国君姬俱酒（晋静公）给贬为平民，然后瓜分了晋国剩余的那一小块土地。于是立国时间达七百三十七年，曾经称霸于春秋时代的晋国，就此覆亡。

晋国国君被韩赵魏三国强迫贬为平民

【娱乐快递】
投壶、走犬、斗鸡

今天要特别为读者介绍当前最火的几种娱乐，其中"投壶"原本是流行于贵族之间的比赛，目前已经成为民间十分普遍的一种娱乐活动。比赛时，分成两组，分别从远处将箭矢投入壶中，最后统计投中的次数，以定出胜负，输者要罚饮酒。"走犬"则是牵着猎狗到郊外猎捕兔子的游戏，不过为了让过程更为刺激，所用的猎犬及兔子都是特别培育过的品种，跑得非常快，整个过程充满速度与激情，足可让观众看得激情澎湃。"斗鸡"则是从春秋时期就已流传下来的娱乐活动，通常主人会在好斗的公鸡身上绑上一些装备，例如在羽毛上装备草芥，或在鸡爪上用金属刀刃加以武装。斗鸡通常会伴随着赌注，双方也常因胜负而衍生出不必要的纷争，是一种十分血腥的活动。

年度热搜榜

公元前三七五年

周烈王元年　魏武侯二十一年　韩哀侯二年　赵敬侯十二年　田侯剡十年　楚肃王六年　秦献公十年　燕简公四十年

秦国继续推进改革　五家一伍编入户籍

秦国国君嬴师隰（秦献公）继公元前三八四年废止活人殉葬，前三八三年迁都栎阳，前三七九年在蓝田等地开始设县，前三七八年扩大并规范市场交易的秩序后，在今年（前三七五年）又推出新的改革方案。下令"户籍相伍"，把全国的人口，按照五家一伍作为基本单位，进行全面性的整编。这个制度一旦实施，政府将更便于收取赋税、征调兵丁、安排徭役。同时也借由伍间各家的相互监视，达到监控百姓的目的。此项改革将在很大程度上提高秦国的实力。

> 我是第六个，要和谁一组？
> 呃……这我得问问上级。

秦国将每五家编成一伍，以方便管理

韩国吞灭郑国　迁都新郑

位处中原的郑国，之前早已因强邻不断地侵吞，而导致国土面积越来越小，今年更被韩一举攻灭，宣告亡国。原本郑国总是依附着魏国，仗恃着魏国军力的强大而不把韩国看在眼里。但最近魏国正和楚国交锋，忙着争夺榆关，根本无暇去照顾这位小老弟。韩国看准了时机，便出动大军一举把郑国吞灭了。韩国不但领土大为扩展，也接收了郑国的都城新郑作为首都。

> 再过来我就叫我大哥派人来了……
> 嘿嘿……魏老大现在应该没空吧。

原本倚仗魏国力量的郑国，在魏国忙着与楚国作战时，被韩国吞灭

年度热搜榜

公元前三七四年

周烈王二年 魏武侯二十二年 韩懿侯元年 赵成侯元年 田齐桓公元年 楚肃王七年 秦献公十一年 燕简公四十一年

> 拜托……聂政都已经死了二十多年了，怎么可能……

> 你是说凶手就是聂政？

> 不……难道你们没有听过所谓的平行宇宙吗？聂政极可能穿越时空……

著名评论家司马光先生指称这次韩国国君被刺事件，是二十多年前就已死亡的聂政所为

韩严弑君　韩国易主

　　继去年（前三七五年）齐国田午（田齐桓公，非姜齐桓公姜小白）将他那当国君的兄长田剡（田侯剡）给杀了，并自立为齐国国君后，才过了一年的时间，韩国也发生了国君被刺杀的事件。韩国贵族韩严（又名韩山坚）在日前发动政变，弑杀韩国国君韩哀侯而另行拥立其子韩若山（韩懿侯）继位。对于此事，著名评论家司马光日前在政论节目中表示，韩国国君乃是因国相韩傀被政敌严遂派来的刺客聂政追杀时，因抱住韩傀而被一并杀害。但节目结束后随即有观众向节目组反映，聂政刺杀韩傀乃是公元前三九七年之事。但至截稿为止，记者仍未能和司马光本人取得联系，整个事件是否一时口误，或是误引资料，还有待继续追踪。

年度热搜榜

公元前三六九年

周烈王七年　魏惠王元年　韩懿侯六年　赵成侯六年　田齐桓公六年　楚宣王元年　秦献公十六年　燕桓公四年

魏君生前未定太子　韩赵发兵企图干预

魏国国君魏击（魏武侯）在去年（前三七〇年）去世之时，因为在生前没有指定继承人选，导致其子魏䓨与公中缓两兄弟为争夺宝座而缠斗不休。魏䓨以邺为根据地自立为国君，公中缓则在赵、韩两国的支持下，引兵于邯郸发难。韩国国君韩若山（韩懿侯）抓准魏国分裂危急的时刻，伙同赵国国君赵种（赵成侯），在今年（前三六九年）出动两国联军大败魏军，并将魏䓨团团围住，随时准备发动最后的总攻击。但就在此时，赵种提议应杀死魏䓨，立公中缓为君，然后赵、韩两国割地而退。韩若山对此提议不以为然，认为应当把魏国分裂成两个国家，让魏䓨和公中缓两兄弟各为国君，然后彼此争夺不休，就会变成像宋、卫一样的小国，到时赵、韩就不会再受到强大魏国的威胁。赵种不同意这样的看法，韩若山大为不悦，当晚便拆伙撤兵。赵国势单力孤，也只好撤军。就这样，原本危在旦夕的魏䓨意外捡回一命，便趁此机会发兵袭杀公中缓，然后正式继任国君之位。分析家指出，赵国、魏国和韩国三国如果持续内乱不休，将会给西方的秦国以可乘之机。

疫情警报

秦国国内暴发大规模传染病，政府当局到目前为止仍苦无对策，受到感染的人数仍在持续攀升。

原本已危在旦夕的魏䓨，因韩赵两国的意见不统一，而意外获得咸鱼翻身的机会，继位为国君

年度热搜榜

公元前三六七年

周显王二年 魏惠王三年 韩懿侯八年 赵成侯八年 田齐桓公八年 楚宣王三年 秦献公十八年 燕桓公六年

周国分裂为东西
小得可怜

虽然韩国国君韩若山（韩懿侯）在之前趁着魏国内乱，将魏国一分为二的计划没有成功，但是在今年（前三六七年）他那个喜欢分裂别人国家的梦想，终于得以实现。趁着西周封国（并非周王朝）起内讧之时，他再度和赵国国君赵种（赵成侯）联手，成功地把西周封国一分为二。早在公元前四四〇年的时候，周朝天子姬嵬（周考王）把他的弟弟姬揭（西周桓公）分封在河南，而有了西周封国。一直传到了今年，继位的姬揭之子姬灶（西周威公）去世，他的少子姬根和太子姬朝便因争位而发生内乱。于是韩、赵两国就进行干预，以武力帮助姬根（东周惠公）在巩独立为东周国，和姬朝（西周惠公）的西周国分庭抗礼，而可怜的当朝天子姬扁（周显王）则仍依附在东周境内。

> 成功了！成功了！挑战者在极短的时间之内，将一片已经小得不能再小的饼干碎屑，成功地切成了两半。

> 耶！

西周封国发生内乱，公子姬根在韩赵两国的支持下，自行分裂独立

年度热搜榜

公元前三六四年

周显王五年 魏惠王六年 韩懿侯十一年 赵成侯十一年 田齐桓公十一年 楚宣王六年 秦献公二十一年 燕桓公九年

秦军首获大胜　天子赠礼嘉勉

近年来于西方兴起的秦国军队，继前年（前三六六年）于洛阴击败韩、魏联军后，再于今年（前三六四年）攻入河东，大败魏军于石门，斩杀敌军六万人。秦国自国君嬴师隰（秦献公）推动一系列的改革以来，国力由弱转强，于此役首次夺得大胜。为此，周天子姬扁（周显王）还特地向秦国祝贺，嬴师隰不但拥有了"伯"的称号，还获赐黼黻之服。（黼：黑白相间而有斧形纹样的礼服，象征决断。黻：青黑相间的图案，象征君臣离合无常，唯德是亲）

> 老师，为什么胖同学会有奖品？

> 应该罚他才对吧！

> 这个……

秦国击败韩魏联军，首次在中原获得大胜，得到周朝天子的表扬

年度热搜榜

公元前三六二年

周显王七年 魏惠王八年 韩昭侯元年 赵成侯十三年 田齐桓公十三年 楚宣王八年 秦献公二十三年 燕桓公十一年

韩赵秦魏四国混战 赵魏大将分别被执

三晋之间因为利益纠葛再度发生大战，魏相（高级官员）公叔痤于浍水打败韩、赵两国的联军，并生擒赵国大将乐祚，夺得赵国的皮牢（古地名）。不过，新崛起的秦国，却也利用了三晋相互攻伐的时机，出兵攻击魏国的少梁，大败魏军，并把还沉浸在得胜喜悦之中的公叔痤俘虏了。魏国虽然先战胜了韩、赵两国，但最后却又落个大败，真可以说是得不偿失。魏国国君魏䓨（魏惠王）经过此役，惊觉现在的国都安邑刚好为韩、赵、秦三国所包围，要是三国同时攻魏，形势必岌岌可危，于是便下令规划迁都，预计在明年把首都迁到大梁，以免陷于不利之境地。

秦国少主继承父志 力图摆脱蛮邦形象

一手发动秦国改革列车的秦国国君嬴师隰（秦献公）于日前去世，由年仅二十一岁的嬴渠梁（秦孝公）继位。虽然秦国近年来日渐强大，也打了几场漂亮的胜仗，但中原诸国，以及南方的楚国，一直以来都把秦国视为文化落后的蛮邦部落，各种重要会议都拒绝让秦国参与其中。如此的歧视让嬴渠梁感到羞辱与不堪，于是他下定决心，准备用尽各种可能的方法，让秦国不只成为军事强国，同时也要成为文化大国，让秦国从此以后不再低人一等，不再受人歧视。

> 对不起，这个聚会只有受邀请的人士才能进去。

> 可恶……

文化较为落后的秦国，遭到中原各国排挤，许多重要的会议都被拒之门外

年度热搜榜

公元前三六一年

周显王八年 魏惠王九年 韩昭侯二年 赵成侯十四年 田齐桓公十四年 楚宣王九年 秦孝公元年 燕文公元年

秦国公布招贤令
各地人才涌入秦国

秦国国君嬴渠梁（秦孝公）为了改革内政，让秦迈向强国之路，向全天下公布了招贤令。只要有谋略可以帮助秦国强大的，不论是本国人还是他国人，都将被任命为高官，不但有优渥的待遇及福利，还可获得分封采邑领地。各国优秀人才在听闻这个消息后，纷纷前往秦国面试，积极争取这个千载难逢的工作机会。在诸多面试者中，以从魏国来的公孙鞅（又称卫鞅）最值得注意，听说这位出身卫国贵族的应试者，在国君嬴渠梁亲自面试之后，出线的概率非常高。根据记者深入调查，公孙鞅原为魏相（高级官员）公叔痤的家臣，十分受赏识。后来公叔痤患病不起时，还特别向魏䓨（魏惠王）推荐公孙鞅为接班人。不过，同时公叔痤也提醒魏䓨，如果不能重用公孙鞅，就要马上把他杀了，以免之后公孙鞅有机会投奔别国，反而成为魏国的后患。魏䓨听到公叔痤一下子要他用公孙鞅为相，一下子又要他把公孙鞅杀了，认为公叔痤的病情十分严重，已经语无伦次，便不把他的话放在心上。公叔痤又在病榻上叫来公孙鞅，对他说："我是一国之相，凡事必须以国家利益为优先考量。方才国君前来探病，我曾向他推荐你担任国相，也提醒他如果不能用你，就把你杀了，对此我深感歉意。现在我以私人的身份告诉你这件事，希望你能快点逃走。"公孙鞅却回答说："您就别在意这件事了，国君既然不会听您的话用我，又怎么会听您的话杀我呢？"后来公孙鞅果然平安地前往秦国求职，并没有受到任何阻拦。

> 你要不然就重用公孙鞅，要不然就把他杀了……

> 一下要我重用他，一下又要我把他杀了，八成是病得太重，开始胡言乱语了……

魏相公叔痤在临终前向国君魏䓨推荐公孙鞅为接班人，不过魏䓨认为他已意识不清，所以没有接纳这项建议

年度热搜榜

公元前三五九年

周显王十年　魏惠王十一年　韩昭侯四年　赵成侯十六年　田齐桓公十六年　楚宣王十一年　秦孝公三年　燕文公三年

兴水利选武卒　魏国再度前进

魏䓨（魏惠王）继位十几年来，陆陆续续推动一连串改革，经记者整理，主要包括三大部分。首先是去年（前三六〇年）起开凿的鸿沟工程：预计从黄河开凿通往圃田泽的运河，然后再引圃田泽的水开渠灌溉。其次是按照一定的标准来选拔武卒，给予免除赋税的优遇，以提升军队的战斗力。最后是准备和韩、赵交换土地，加强交通建设，并在西边修筑长城，以防备秦国的入侵。

天文异象
流星坠地

日前魏国当地有人在大白天观察到，天空中有一颗星急速落下，猛烈撞击地面，并发出巨大的声响，所幸并未造成任何伤亡。

公孙鞅初颁垦草令　促进农业生产

秦国国君嬴渠梁（秦孝公）在面试完诸多应试者，听完各种富国强兵的谋略后，宣布决定采用公孙鞅的谋略，作为开启富强大门之钥。此次所颁布的"垦草令"重点在于开垦荒地，提高农业产量。其中，为了使农民能更专心务农，还禁止农民购买粮食。同时整顿吏治，减少官吏扰农。对于商业方面，则是采取抑制发展的态度，提高酒肉价格、加重商品税，规定商人不得卖粮及经营旅店，商家的奴仆也纳入服役的范围。同时这次改革的触角也伸向了贵族，除了加重贵族的赋税外，还规定贵族子弟必须服徭役。在户籍方面，则全国性地实施户口登记政策，禁止百姓擅自迁居，以确保掌握正确的数据。再依户口按粮食的收获数量统一征收田租，并将山川湖泽等自然资源收归国有，禁止农民未经申请擅自进入谋生。

秦国国君嬴渠梁重用公孙鞅，开始踏出秦国改革的第一步

年度热搜榜

公元前三五六年

周显王十三年 魏惠王十四年 韩昭侯七年 赵成侯十九年 齐威王元年 楚宣王十四年 秦孝公六年 燕文公六年

哇！好贵的罚单，我只不过横穿马路就被罚十五万元……

我上次吐个口香糖，就被抓去关了一年。

秦国以李悝的《法经》为基础，采用轻罪重罚的原则来防治犯罪

秦国空前大变法　实施连坐奖励军功

在公元前三五九年初试公孙鞅的"垦草令"，收到极大的成效之后，秦国国君嬴渠梁（秦孝公）决定让公孙鞅放手一搏，进行规模空前的大变法。虽然有许多即将被砍掉福利的贵族跳出来强烈抗议，但在一番激辩之后，嬴渠梁还是授予公孙鞅左庶长（秦第十级官爵）的官职，开始进行变法改革。这次变法的要项有以下数点：（一）制定秦律。以李悝的《法经》为基础，采用轻罪重罚的原则，防范犯罪于未然。（二）什伍连坐。将全国居民每五家编成一伍，十家编成一什。以伍什为基本单位，居民之间有相互监督检举之责，其中一家犯法，十家连坐。不告发奸人者处以腰斩，告发者晋爵位一级，隐藏奸人者处斩，全家财产充公。旅店不能收留没有政府凭证的旅客住宿，否则店主与奸人同罪。（三）奖励军功。军队每五人为一组，战斗时若组内有人脱逃，其余四人受罚，但四人中如有斩敌首级者，则免罪。每五十人设屯长，每百人设百将，战争时未斩获敌人首级的，屯长和百将处斩。士兵斩敌首级三十三颗，屯长和百将赏赐爵位一级。士兵斩敌首级一颗晋爵位一级，良田一顷，土地九亩，可役使庶子（无爵位者）一人，欲为官者任五十石俸禄之官。凡是贵族而未建有军功者，不得入宗室属籍，不能享受贵族特权。（四）二十等爵。建立二十等军功爵制，并从有爵位的人中选任官吏。房地产之分配以及家臣、奴婢的服饰，都按爵位等级决定。（五）严禁私斗。禁止贵族间为争夺土地、财产等，聚集封地内邑兵进行任何形式的武力争斗，违者重罚。（六）奖励耕织。凡是耕种纺织产量在标准以上的，可以免除赋税。因不事生产导致贫困破产者，连同妻子、儿女罚入官府为奴。同时规定一户内有两个儿子的，成年后必须分家独立，否则赋税加倍。一般认为，公孙鞅此次在秦国所进行的空前大改革，如果能彻底实施的话，秦国将脱胎换骨，摇身一变成为战国时代的超级强国。

超赚钱　搬根木头奖五十金

秦国左庶长（秦第十级官爵）公孙鞅日前在首府栎阳的南边市场，竖立了一根三丈长的木杆，并贴出告示说："凡是可将这根木杆移到北门的人，就可以得到赏金十金。"当时市场上的人争相围看告示，但对于这项奇特的告示，都认为天底下不可能有这么便宜的事，生怕又是政府设下的什么陷阱，所以虽然围观者众多，却没有一个人敢去碰那根木杆。过了一阵子，公孙鞅现身了，他先清了清喉咙，然后当场大声宣布："诸位乡亲，我现在将奖金提高到五十金，有没有哪位要试试看啊？只有一根木杆、一个名额，晚了就只能看着别人拿奖金，回家被老婆骂得脸青青了。"这时，终于有人在高额赏金的诱惑下自告奋勇，把这根木杆扛起，缓缓往北门走去。而看热闹的群众也浩浩荡荡地像游行般跟着前进，由于大家争相走告，使得沿途人群越聚越多。到了北门之后，公孙鞅竟然真的亲自将五十金奖给这个幸运儿，然后向群众喊话："咱们秦国令出必行，就像方才所有乡亲父老亲眼见证的，刚刚这位老兄完成了任务，我也依照约定将赏金一个子儿不少地奖给他。从现在起，咱秦国要开始实施新的法律，所有的奖赏与惩罚，都会依照规定办理。希望乡亲们都赶紧去弄清楚政府公布的命令，如有违反的，必定严惩不贷。刚才没拿到黄金的也不要觉得懊悔，今后多的是建功封爵、发财致富的机会。"于是民众竞相传告此事，相关新闻的点击量直逼百万。

【专题报道】秦国的二十级爵位

秦国的爵位共分为二十级，由低到高依序为：

◆ 小夫：军中无爵位者。

◆ 士卒阶级：一、公士。二、上造。三、簪袅。四、不更。不更以上可免除平时之更役。

◆ 中级官员：五、大夫。六、官大夫。七、公大夫。八、公乘。九、五大夫。配发公家乘车，五大夫得享三百户税邑，公乘以下只赏赐田亩土地。

◆ 高级官员：十、左庶长。十一、右庶长。十二、左更。十三、中更。十四、右更。十五、少上造。十六、大上造。十七、驷车庶长。十八、大庶长，享有六百户的税邑。

◆ 列侯：十九、关内侯。二十、彻侯。彻侯享有封地食邑，关内侯无食邑，但享有指定地一定户数之税收。

从第一到第二十级，每一级都有不同的福利与特权，包括任官，土地、田宅、奴隶之取得，享有食邑之户的租税，服仪车辆，死后植树封墓等都不相同。而爵位在必要的时候，还可以用来赎免自己或家人的奴隶身份，犯罪时也可依爵位的高低减刑，在司法上爵位高者也占优势。至于爵位的取得及晋迁，则完全依军功而定。

秦国将爵位分为二十等级，只有通过在战场上斩杀敌人首级，建立军功才能升级

第二章

七雄崛起　齐魏相王

（公元前三五五年～前三一四年）

本章大事件

- 魏齐国君会猎
  互较国宝价值
- 赛马获利千金
  孙膑声名大噪
- 齐君一鸣惊人
  召百官严赏罚
- 齐国广纳谏言
  竟因俊男比美
- 韩国跟进变法
  申不害以术治国

公元前三五五年

公元前三五四年
- 南辕北辙难称王？
  魏国起兵强伐赵

公元前三五三年
- 魏军攻破邯郸
  孙膑围魏救赵

公元前三五〇年
- 公孙鞅二次变法
  秦国脱胎换骨

- 秦君称霸
  太子朝周

公元前三四二年

公元前三四一年
- 马陵中伏
  太子被俘大将战死

公元前三四〇年
- 魏国君献地请降
  公孙鞅受封商君

公元前三三八年
- 少主继位顿失靠山
  商鞅惨遭五马分尸

- 年终上计齐王偷懒
  田婴阴夺考核之权

- 张仪入秦建言
  嬴驷出兵助魏

公元前三三四年

公元前三三一年
- 西方部落内乱
  秦国出兵平定义渠

公元前三二九年

公元前三二八年
- 张仪封相
  口才换得十五城

公元前三二七年
- 张仪启动连横
  频向魏国招手

公元前三二五年
- 天价赏金
  卫国一城换回逃犯

公元前三二三年
- 一手棍子一手糖果
  张仪大胆玩弄诸国
- 楚军胜魏又欲攻齐
  画蛇添足终止行动

公元前三二二年
- 魏齐元首峰会
  秦国积极介入
- 张仪辞秦相入魏
  与惠施展开政策大辩论

公元前三二一年
- 最新益智谜题
  "海大鱼"究竟指啥

公元前三二〇年
- 孟子觐见魏王
  宣扬仁义治国理念
- 匡章大败秦军
  张仪魏国失势

公元前三一九年
- 以公孙衍为相
  魏国重启合纵

公元前三一八年
- 五国伐秦
  楚为纵长
- 秦军东出函谷关
  义渠背后偷袭秦

公元前三一七年
- 秦军东进反击
  斩敌首级八万

公元前三一六年
- 张仪再次相秦
  魏齐韩三国结盟
- 尧舜禅让再现
  燕王让位子之

公元前三一五年
- 燕太子起兵反子之
  暗传齐国介入颇深

公元前三一四年
- 齐楚援军不见踪影
  韩国被耍惨遭大败

年度热搜榜

公元前三五五年

周显王十四年 魏惠王十五年 韩昭侯八年 赵成侯二十年 齐威王二年 楚宣王十五年 秦孝公七年 燕文公七年

魏齐国君会猎　互较国宝价值

公元前三五七年田午（田齐桓公）去世，其子田因齐（齐威王）继位成为齐国国君。不久后，邹忌在面见田因齐时以鼓琴的节奏来比喻治国的道理，而被任用为相（高级官员），开始在齐国进行政治改革。邹忌十分重视选用贤能，先后向国君推荐了许多人才，这些人才也都陆续获得重用。最近田因齐和魏国国君魏䓨（魏惠王）相约在边界狩猎时，魏䓨问："你们齐国有些什么国宝啊？"田因齐回答："好像没有呢。"魏䓨得意地说："我们魏国虽小，但是直径一寸以上、可照亮十二辆车子的珍珠，足足有十颗呢，像齐国这么大的国家怎么会没有国宝。"田因齐说："您眼中的国宝和我眼中的国宝不同，我们齐国官员中，有位檀子先生镇守国境南边，使得楚国不敢北犯，泗水十二小国都来朝见。又有位田盼先生镇守高唐，使赵国人连到黄河捕鱼的胆子都没有。还有位黔夫先生治理徐州，使得燕、赵百姓七千余户争相迁入这个地方。对了，还有位种首先生掌理治安，让齐国百姓都能安居乐业，路不拾遗。这四位先生的光芒照耀千里之远，岂止照亮十二辆车子的珍珠所能相比。"据说魏䓨听了之后，半天都答不出话来。

秦国变法引起反弹　抗议陈情数以千计

秦国在公孙鞅实施变法一年多以来，由于新法严苛，因不熟规定而误触法律的案件不绝于耳。各级官吏也都认为新法难以实行而叫苦连天，加上既得利益者企图阻挠，不断煽动，致使各地百姓不断涌进首都栎阳，向政府陈情抗议新法的弊端。一时民怨沸腾，舆论哗然，大有浇熄改革之火的态势。虽然目前秦国政府并未对此情形做出任何反应，但是如果处理不好的话，公孙鞅即将遭逢的命运，可能就不只是被迫下台，而是准备掉脑袋了。

公孙鞅的变法引来激烈的抗议，考验执政者的决心

孙膑因为帮田忌在赛马场上赢了不少奖金而声名大噪

赛马获利千金　孙膑声名大噪

最近在赛马界话题最热的新闻，莫过于日前在齐国的赛马活动中，贵族田忌因下注豪赌，而从国君田因齐（齐威王）手中赢得千金的事件了。为此，记者特别找了田忌先生访问，结果发现这整场比赛的过程还真是充满了戏剧性。据田忌在受访时表示，其实这全是其门下宾客孙膑的功劳，因为就在不久前，田忌邀孙膑一同去赛马，但孙膑因为没玩过，所以田忌便将规则解释了一下：赛马一般分为上等马、中等马，以及下等马三场，各参赛者分别从自己的马中选择该等级中有胜算的出赛，并且以胜场较多者为优胜。孙膑在了解规则之后，马上发现漏洞，便笑着告诉田忌说："你尽管参加比赛，我保准你独赢全部奖金。"于是田忌便听从孙膑的建议，在上等马的场次派下等马出赛，结局可想而知，当然是惨败而归。然后在第二场中等马的赛事中，以上等马出赛，下等马的赛事再以中等马出赛，如此便轻轻松松连下两场，最后以三战两胜赢得了千金奖励。就在大家摸不着头脑，不晓得田忌这一回为何如此笃定全赢，而且还真的横扫赛马场时，田忌也大方地公开其中奥妙之处，还将孙膑介绍给大家认识。据说国君田因齐已经交代秘书人员，立即安排时间，准备好好地和这位谋略过人的赛马专家见面，商讨在战国赌局中，能立于不败之地的方法。相信在这位谋臣的辅佐下，齐国一定会兴旺起来。

【专题报道】孙膑专访

记者： 孙膑先生，听说您来到田忌门下的过程曲折离奇，愿意和大家分享吗？

孙膑： 好啊！您首先想知道些什么？

记者： 您的名字"膑"很特别。据我所知，这代表着一种砍去膝盖骨的刑罚。冒昧问一下，这是您的本名吗？

孙膑：（笑着稍微掀开衣角）您看，我的确是遭受过膑刑而无法行走。我本姓孙，乃大兵法家孙武的后代。孙膑确实不是我本名，不过大家都这么叫惯了，我也不是特别在意。（指着脸上）还好大家没有叫我"孙黥"，那可难听死了，呵呵呵。（编者按："黥刑"乃脸上刺字之刑罚，孙膑当初同时被处以膑刑及黥刑）

记者： 听说您和魏国大将军庞涓都是鬼谷子的学生，是吗？

孙膑： 呵呵呵，我和庞涓是同学没错，不过老师并不是鬼谷子，那是别人瞎传的。

记者： 既然您的同学庞涓现在已经在魏国担任大将军，那您有没有想过也到魏国去请他为您举荐呢？

孙膑： 当然有啊！我毕业后第一个去找的人就是庞涓，原本想可以靠他的关系和魏国国君见个面。没想到我这个同学心眼小，生怕我抢了他的风头，夺了他的位置，竟然向魏䓨（魏惠王）诬告我通敌，害我差点死在魏国。一开始我不知道是被他害的，还以为他为我求情，我才能只被砍去膝盖骨和在脸上刺字，而侥幸免了死刑。那时我还拼命地想把祖传的《孙子兵法》默写出来送给他，以当作答谢之礼呢！真是够傻的……可是谁能想到老同学会这么心狠手辣呢，唉……

记者： 那您是怎么逃出来的？

孙膑： 后来有人看不下去了，告诉我真相。我那时真有如晴天霹雳一般，整个人都傻了。后来回过神来，我便开始策划逃亡的计划，我先是装疯，以拖延兵书完成的时间并松懈其守备。为了骗过他，我可是吃了不少苦，不只装疯卖傻胡言乱语，连屎尿也得吞下去。还好后来被我等到机会，齐国的使者刚好到魏国拜访，我趁着守卫不注意的时候爬了出去，想办法见了齐国使者一面，说服他把我偷运出魏国。到了齐国之后，这个大恩人又把我介绍给田忌大人，幸得田忌大人不弃，于是我就在大人门下安顿下来。

记者： 今后有什么打算？会找机会向庞涓报仇吗？

孙膑： 我会继续在田忌大人门下为他尽一份绵薄之力，至于庞涓的账，有一天我一定会找他算的，而且要加上利息，等着看吧。

记者： 谢谢您接受访问。最后再问您一个问题，明天的赛马您要参加吗？

孙膑： 哈哈哈，不了不了，上次那招已经用过，不能用第二次啦，也谢谢您来采访我。

楚相专权独断？ 众臣一致否认

据楚国方面传来的消息，魏国使者江乙前往楚国觐见楚王熊良夫（楚宣王）时，对楚王说："我之前听闻贵国令尹（高级官员）昭奚恤行事风格独断且主观，所以方才针对这件事询问了您的诸位大臣，没想到每一个人的回答都是'没这回事'，看来贵国的官员可真是训练有素，连问题的答案都好像是同一张嘴里说出的一样呢。"熊良夫听闻之后，也私底下召见了左右大臣，一一问他们："听说州侯（即昭奚恤）行事贵而主断，有这回事吗？"结果每个人的回答果然都是"没这回事"，熊良夫于是不禁怀疑大臣们是否都受到昭奚恤的严密控制。

齐君一鸣惊人 召百官严赏罚

齐国国君田因齐（齐威王）最近开始雷厉风行地整顿政治风气，将绩效不彰的官员丢进锅中活活烹死。根据记者描述，之前齐国的谋士淳于髡入宫觐见田因齐，说了一个故事："我们齐国有一只大鸟，栖息在王庭之中，三年来不飞也不叫，您知道这鸟是怎么一回事吗？"田因齐是个聪明人，一下子就听出淳于髡所说的大鸟就是他，于是回答："这只鸟啊，不飞则已，一飞冲天；不鸣则已，一鸣惊人。"接着便召集全国各县的地方官到中央政府集合，当场把即墨（古地名）的官员叫了出来，并宣布："自从你到即墨任官以来，每天都有批评你的报告递上来。不过我派人去即墨实地查看，发现田地开垦充分，百姓生活富足，境内也甚少有司法诉讼的案件。我知道你用心管理地方，而没有费尽心思贿赂我的左右亲信来帮你说好话，所以我要特别赐你一万户税邑，其中的税收都当作给你的奖赏。"然后又把阿（古地名）的官员叫了出来，说："自从你上任以来，每天都有人在我耳边称赞你做得很好。但我私下派人实地观察，却发现你主管的县内农田荒废，百姓贫苦不堪。你一定是用重金收买了我身边的亲信帮你讲话，我今天要好好地治你的罪，同时也一并处那些平时收了你的钱，专为你讲话的坏蛋。"于是下令把阿的官员及那些曾经拿过钱帮他说好话的官员，都丢到大锅中活活煮死了。政治分析师认为，田因齐此举确实对打击贪污官吏有直接的效果，相信齐国的政治清廉度一定会迅速提升。

齐国广纳谏言　竟因俊男比美

齐国国君田因齐（齐威王）最近颁布了一道命令："不论是官吏还是百姓，只要能当面指出我所犯过错的，就可接受上等的奖赏。能够以书面的形式来纠正我的，则受中等的奖赏。能在公开场合批评我，而传到我耳中的，也可以受到下等的奖赏。"于是一时之间，群臣进谏，齐王门庭若市，各大政论节目也铆足劲批评当政者。对于田因齐的这项改革措施，评论家们都一致给予肯定，并认为政府如果能虚心接纳并改进，那过不了多久，就算想要批评恐怕也找不出可以批评的地方了。只是记者在进一步的追查之下，发现这项命令和国相（高级官员）邹忌有密切的关联。听说，俊帅挺拔的邹忌有一天照镜子时，忽然问他的妻子："我和城北的徐先生相比，谁比较美啊？"他的妻子回答说："那还用说，当然是你了。"邹忌不太相信自己比齐国有名的美男子徐先生美，便再问他的小妾，结果得到同样的答案。后来，邹忌又问一位到访的宾客，宾客回答说："徐先生当然不如您啊。"第二天，刚好徐先生到访，邹忌便特别端详了一番。徐先生走后，邹忌又跑到镜子前看了许久，这才确定自己的容貌形态真是远远比不上徐先生。于是他恍然大悟，立刻入宫告诉田因齐这件事，并说："我当然比不上徐先生美，但我的妻子偏爱我，我的小妾怕我，我的客人有求于我，所以都说我比徐先生还要美。今天齐国土地千里，城市多达一百二十座。宫中的女子、左右的近臣，哪一个不偏爱您？朝中的大臣，哪一个不怕您？国境之内，哪一个人不是有求于您？由此看来，您受的蒙蔽已经很深了啊。"所以田因齐才下了这道要所有人指出他过错的命令。

戴氏弑君　宋主换人

最近中原地区又传出大臣篡夺国君之位的消息,宋国司城(高级官员)子罕夺取政权并自立为国君(宋剔成君)。据记者调查,子罕似乎是早有图谋,之前他曾向国君宋璧建议说:"大家都喜欢被称赞及奖赏,所以由您亲自来奖励百官及百姓,这样大家就会更喜欢您。至于杀戮与刑罚这种惹人厌的差事,就由我来代劳,由我来当这个黑脸,这样才不会损及您的声望。"宋璧认为很有道理,就把诛罚杀戮的事都交由子罕去发落。日子久了,大家都知道子罕手上握着生杀责罚的大权,不敢对他有丝毫的反抗。所以后来子罕才能顺利夺取宋国政权。

韩国跟进变法　申不害以术治国

在齐国邹忌改革,秦国公孙鞅变法的同时,韩国为了迈向富强,也起用了申不害开始进行改革。不过申不害的改革重点在于"术",与之前吴起在楚、公孙鞅在秦的变法重点在于"法"不同。申不害认为,国家要强盛,就必须把权柄都集中到国君一人之手,也就是君主必须专制独裁。而要达到此一目的,国君就要以阴谋权术来驾驭臣下。国君要利用各种技巧,让臣下无从猜测其意图,这样臣下便没有办法投机猜测国君的喜好,也无法在国君面前隐藏自己的错误。如此一来,国君便能掌控所有状况,臣下也不能篡夺主上的大权。不过,资深评论家指出,申不害的这套理论,太过于重视君主用人之术,并未试图从根本上改变国家的体制,其改革的效果应该十分有限。

太子犯法教师遭刑　秦国反改革势力噤声

在公孙鞅大力推行新法,而各地反对声浪不断,都认为新法太过严峻难以实行的同时,秦国太子嬴驷意外触犯了新法,让各界莫不睁大了眼睛屏息以待,严密观察公孙鞅将要如何处置此一事件。不过公孙鞅丝毫不拖泥带水,立刻召开记者会宣布:"法令之所以会丧失尊严及威信,都是由于位高权重的掌权人物自己破坏它。今天太子触犯了法令,虽然不能将刑罚加在王储,也就是国君的继承人身上,但也不能破坏了法律的规定与尊严。所以,必须由那些有责任教导太子守法慎行的教师来承担这个责任。"于是下令将太子的教师嬴虔处以劓刑(割去鼻子),另一位教师公孙贾则处以黥刑(在脸上刺字),以示法之威严。由于嬴虔等人身为贵族,又和太子的关系匪浅,所以全国上下无不被公孙鞅雷霆般的处置震慑。第二天起,再也没有人怀疑公孙鞅的决心,怀疑新法是不是能推行得下去,也没有人敢再倚仗着权势而行侥幸之事。看来,秦国变法这条路上最大的障碍已经扫清,可以大踏步地迈向全新的时代,成为一等的强国了。

年度热搜榜

公元前三五四年

周显王十五年　魏惠王十六年　韩昭侯九年　赵成侯二十一年　齐威王三年　楚宣王十六年　秦孝公八年　燕文公八年

南辕北辙难称王？ 魏国起兵强伐赵

　　赵国国君赵种（赵成侯）为了兼并土地和扩张势力，竟然发兵攻击卫国。但卫国早就入朝于魏，将魏国奉作老大哥，所以这样的举动引起魏国国君魏䓨（魏惠王）的强烈不满，因此魏䓨便打算联合宋、卫之兵，给赵国一点颜色瞧瞧。于是便派人前往卫、宋两国，要求一起出兵伐赵。消息一传出，魏国的大臣季梁便匆忙入宫要求觐见魏䓨，他气喘吁吁地说："我刚才来的路上，碰到一个人，正驾着车往北而去。他告诉我说要到楚国去。我说：'老兄，楚国在南边，你怎么往北走啊？'那人回答说：'我的马好啊。'我说：'马虽然好，但这不是到楚国去的路啊。'那人又回答说：'我身上准备的旅费多啊。'我说：'你钱多是没错，但这路到不了楚国啊。'那人又说：'别担心，我的车夫驾驶技术一流。'我说：'你这几项条件越好，就离楚国越远啊。'今天您动辄想成为霸主，想取信于天下，但是却倚仗着国大兵强而去攻击赵国，来扩大领土提高声望。只怕您的行动越多，离称王天下的目标就越远呀。"季梁一番话虽然说得精彩，但魏䓨似乎听不进去，仍执意出兵伐赵。

双面讨好　宋国智抚魏赵

　　宋国国君子罕（宋剔成君）被魏国要求一同出兵攻赵后，十分苦恼，因为他既不想卷入这场战事，又不能得罪魏䓨（魏惠王）。所幸最后子罕想出了一个办法，就是私下派人去和赵种（赵成侯）商量："魏国兵强权重，今日来向我宋国征军助战，如果我们拒绝，国家就必遭危害。但是我方又不愿意助魏攻赵，做出损害赵国的事来。不如这样子，您先让我接收边界的一座城，然后我们宋国假意慢慢攻打它，以拖延时间，您看如何？"赵种很高兴地接受了这个建议，认为这样宋国的军队就会只前进到此城，而不会与魏军合击造成更大的伤害。魏䓨一方对于宋国答应出兵攻赵，也觉得很高兴，就没有因此而为难宋国。

年度热搜榜

公元前三五三年

周显王十六年 魏惠王十七年 韩昭侯十年 赵成侯二十二年 齐威王四年 楚宣王十七年 秦孝公九年 燕文公九年

庞涓兵围邯郸城　齐楚秦三面袭魏

魏国大将庞涓受命领军八万攻击赵国，包围了都城邯郸，赵国一面奋勇抵抗，一面急向齐、楚两国请求派兵援助。楚王熊良夫（楚宣王）在得知消息后召集群臣，就是否出兵救赵一事进行讨论。令尹（高级官员）昭奚恤认为不应救赵，应待其两败俱伤再收渔人之利。但大臣景舍则认为若不出兵，赵国撑不住就只好与魏国结盟，到时魏、赵将反过来攻楚。不如只出少数兵力援助，这样赵国必会因有我们的相助而力抗到底，这样才能真的让魏、赵两败俱伤。于是楚王任命景舍为将，即刻起兵援助赵国。另外，齐国国君田因齐（齐威王）在收到求援文书后，也召集群臣会商，虽然国相邹忌反对，但最后仍采取了大臣段干纶的建议出

魏国大将庞涓率领大军包围魏都邯郸城

兵援赵。田因齐原本打算任命孙膑为统帅领兵救赵，但是孙膑认为自己以残疾之身，是没有办法迅速在军中建立威望的，便请受命为军师，在篷车中运筹帷幄，而让齐君任命田忌为将，即刻率领八万兵马前往营救赵国。而秦国国君嬴渠梁（秦孝公）见魏国倾军021赵，便趁此空当调动部队袭魏，在元里一带大败魏军，斩杀七千余人，并取得少梁。与此同时，秦国还派公子嬴壮率领精兵攻入韩国境内，夺取上枳、安陵、山氏三地，并就地筑城，将秦国的势力延伸至韩、魏交界之地。

魏军攻破邯郸　孙膑围魏救赵

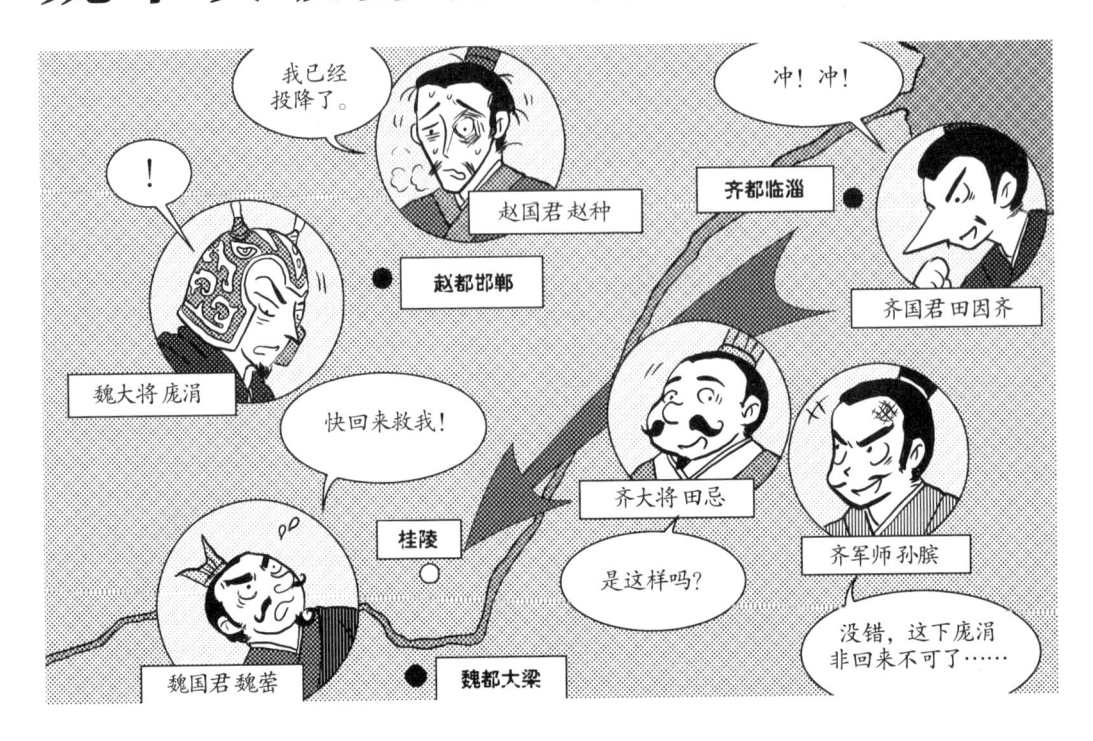

虽然景舍率领的楚国援军从南边攻取了睢水、濊水之间的土地，但是魏军仍继续围攻邯郸。十月时，邯郸被破，赵国国君赵种（赵成侯）只好向魏䓨（魏惠王）投降。而从东边进击的齐军，虽然统帅田忌原本想要直奔邯郸救赵，但是孙膑建议说："不如避开魏、赵两军热战之域，直捣魏国首都大梁。如此，魏国势必回军自救，不但解救了赵国，也重创了魏国。"于是田忌便依照孙膑的战法，先发兵攻击宋、卫之间的平陵以"示之疑"，让庞涓搞不清楚齐军真正的军事目标。然后在攻城时采用明显错误的战略"示之不知事"，导致攻势受挫而让庞涓认为齐军的指挥官不懂军事，并因取得小胜而骄傲轻敌。再突然以轻战车直趋大梁，以"怒其气"，最后再故意把队伍分散前进，以"示之寡"，造成兵力单薄之错觉。果然庞涓因震怒、骄傲及轻敌，便下令放弃辎重，以急行军的方式准备给齐军来个迎头痛击。当魏军经过桂陵时，孙膑的大军早已等在那里，立刻发动突袭，击溃正在急行军的魏军，并生擒主将庞涓。此役魏军虽然大败，但军事评论家认为，魏国的主力军队并未被击溃，而且邯郸城也仍在魏军的掌控之下，未来仍有机会扭转战局。

年度热搜榜

公元前三五二年

周显王十七年 魏惠王十八年 韩昭侯十一年 赵成侯二十三年 齐威王五年 楚宣王十八年 秦孝公十年 燕文公十年

魏军奋起击败齐卫宋联军

在秦国进行变法改革的公孙鞅今年（前三五二年）被升为大良造（秦第十六级官爵，或称大上造，高级官员），并被授命领军攻击魏国。而屡遭诸国围剿的魏国今年则是重新奋起，调动韩国的部队，在襄陵打败了齐、卫、宋三国的联军。齐国国君田因齐（田威王）不得已，只好请楚国将领景舍出面调解，向魏国求和。

在秦国推动变法改革的公孙鞅晋升为大良造

【专题报道】主要粮食作物

由于近年来铁制农具逐渐取代以往的木质与青铜农具，采用牛耕替代人力的比例也越来越高，使得各地的农作物产量都得以大幅提升。而根据最新一期的农业科技杂志所载，目前各国主要的粮食作物有以下数种：（一）稷：小米，或称为粟。为一种耐干旱、生长期短的作物。粟的稃壳有白、红、黄、黑、橙、紫等颜色，籽实为椭圆形，粒小多为黄色。连贫瘠的高原地区也可栽种，为北方的主要粮食。（二）黍：为一年生草本植物，生长期短，耐寒旱贫瘠。籽实为淡黄色，磨米去皮后称黍米，俗称黄米，为黄色小圆颗粒。黍米可再磨成黄米面，亦为北方之主食。（三）稻：由于稻生长需要较温暖多雨的气候，所以主要产地为南方和灌溉技术发达的地区。稻成熟之后结谷，稻谷去皮之后为米，可依煮时的水量分为饭和粥两种食用法，或磨成粉再加工制作而成米粉。（四）麦：分为大麦及小麦。其中小麦又有春小麦及冬小麦之分。春小麦于春季播种，夏季时成熟。冬小麦则于秋季时播种，越冬后第二年夏初成熟收获。通常会磨成粉，于食用前加水和成面团，再做成面条或饼，以蒸、煮或烤的方式食用。（五）菽：大豆，在春夏两季播种，抗旱力强，可适应不同的气候及土壤。产量大，为一般百姓最主要的粮食来源。（六）麻：又称为蕡或苴，可食用的部分为其所结的籽实。

年度热搜榜

公元前三五一年

周显王十八年 魏惠王十九年 韩昭侯十二年 赵成侯二十四年 齐威王六年 楚宣王十九年 秦孝公十一年 燕文公十一年

令尹狐假虎威　江乙进言楚王

> 你看，大家一看到我，就吓得跑光了呢……

> 真的耶……

江乙用"狐假虎威"的寓言进谏楚王

楚王熊良夫（楚宣王）在日前询问了几个大臣："听说北方的诸侯都很怕昭奚恤，真的有这回事吗？"大臣们因为对令尹（高级官员）昭奚恤的权势多有顾忌，于是都支吾其词，不愿正面回答。这时已在楚国为官的江乙站出来说："我先讲个故事，就是老虎有一天捉到了一只狐狸，正想把它吃掉时，狐狸说：'我可是受天帝之命来掌管百兽的，如果你把我吃了，就是违背天帝的命令。你若不信，就让我走在你前面，你跟着我看看，百兽中有谁看到我而敢不逃走的。'于是老虎就跟着狐狸在森林中绕了一圈，果然百兽看见狐狸来就全都逃走了。只是老虎不知道百兽其实怕的是它而不是狐狸。如今，大王您有五千里土地及百万大军，但都归昭奚恤掌管，北方诸侯怕的不是昭奚恤，而是您的百万大军啊。"原本就与昭奚恤不和的江乙又接着说："有个人养了条狗，因为狗善于守门看家，所以主人很喜爱它。有一次，这条狗在主人的井里撒尿，刚好被邻居看到了，邻居便想要去告诉狗主人这件事。可是这只狗却因为对这个邻人怀恨在心，而挡在门口咬他。于是邻人感到非常害怕，就没有办法进去告诉狗主人这件事了。之前魏国围攻邯郸时，楚国的军队趁机攻取了魏国的领土，于是昭奚恤便瞒着您夺得了魏国的宝器。因为我当时还在魏国，知道这个内幕，所以昭奚恤才会恨我觐见大王啊。"不过楚王似乎并没有因为江乙的一番指控，就动摇了对昭奚恤的信任。

申不害自砸改革招牌　任用近亲为国君所拒

正在韩国推行改革措施的国相（高级官员）申不害，竟然自己搞起了反改革的事。据闻，申不害原本想要推荐自己的堂兄到政府机构里面当官，但却被国君韩武（韩昭侯）给拒绝了，而申不害也因为国君不买他的账而显得十分不高兴。后来韩武知道了申不害正在闹脾气，便特意把他叫了去，并好言好语地说："记得吗，你之前曾说过要严格执行赏罚制度，而政府用人也一定要依照法定程序，这就是我从你这里学到的治理国家的法则。但是你今天却要我破除规则，例外地任用你的亲人为官。你说，我究竟是应该接受你的请托而破坏你所定的规则？还是应该遵守你所定的规则而拒绝你的请托呢？"申不害听了之后汗流浃背，当场向国君韩武请罪，说："您真是我所期盼的真正君主啊。"大部分的评论家都对韩武这次的处理方式给予高度肯定，认为韩国如果能一直保持这样的政治活力，对于国家的发展是相当有益的。

魏还邯郸 赵愿结盟

魏国国君魏䓨（魏惠王）于日前派人向赵国表示，如果赵种（赵成侯）肯与魏国结盟的话，那他便把先前攻占的赵都邯郸双手奉还。赵种在考虑后接受魏䓨的提议，双方在漳水缔结盟约。不过双方的同盟关系究竟可以维持多久，确实是令人怀疑的。

年度热搜榜

公元前三五〇年

周显王十九年　魏惠王二十年　韩昭侯十三年　赵成侯二十五年　齐威王七年　楚宣王二十年　秦孝公十二年　燕文公十二年

赵侯去世　双子争立

赵国国君赵种（赵成侯）去世后，原定的接班人赵语因兄弟赵緤发动叛变争位，而未能顺利地在第一时间继位。双方人马在都城相互较量，最后赵緤居于劣势，未能夺嫡，只好出逃到韩国。虽然太子赵语（赵肃侯）在惊险中保住国君之位，但政治评论家都认为，赵语的权位尚未稳固，短期内可能还会有其他人出面挑战，尤其是贵族赵范最值得注意。据闻，赵范已经在暗中布局，甚至武装自己的人马，极有可能发动突击。但资深的评论家一致认为，赵范的实力在赵语之下，若执意起兵颠覆赵国政权的话，胜算可能不大，应该在短时间内便会被剿平。不过赵范方面已完全否认此一传闻，并表示对新任国君赵语绝对地拥护。

公孙鞅二次变法　秦国脱胎换骨

秦国大良造（高级官员）公孙鞅在初步变法取得成效后，极欲摆脱旧有贵族势力，进一步扩大改革之成效，并向东方谋求发展。于是便仿照东方各国都城的规模及结构，在今年（前三五〇年）将首都迁到咸阳，然后展开第二次的变法改革。

公孙鞅这次变法的内容，主要有下列几点：

（一）废井田开阡陌。废除旧有的井田制，确定农地的私有化，并参考春秋时赵氏已实施的大亩制，将原本的一百步为一亩改成二百四十步为一亩，每一位农民授予一百亩的土地，以扩大全国土地的可耕面积。同时重定田界，严禁私自移动田界侵占别人的土地。

（二）普遍推行县制。重划行政区，将许多的乡、邑合并，在全国建置了四十一个县。县设县令（地方行政长官）、掌管民政之县丞，以及掌管军事之县尉，皆由中央政府派任，将全国各地的行政权及兵权都集中在朝廷。并预计于明年（前三四九年）在各县政府设置定额俸禄之办事官吏，以提升行政效能。

（三）统一度量衡。基于征收赋税及发放官俸之需要，将全国的度量衡加以统一，并由国家制作标准量器作为依据。同时立法惩处量器不符规定之主管官员，量器本身也要定期召回重新校验。

（四）按人口征税。预计于后年（前三四八年）开始舍弃以地征税的做法，改为以户中人口多寡征税。凡家中的奴仆、食客等人数也要计入，家中有男子成年而不登记分出户籍者税率加倍，对于隐匿户口不报者则加重处罚。如此便可以减少吃闲饭的人口，大大增加农业产量。

（五）废除陋习。由于北方冬天严寒，百姓有一家大小老幼不分，男女全睡在炕上的习惯。所谓炕，就是用砖土砌成的大床，其下设有灶门，冬天时可在其中燃火取暖。为了强迫百姓学习最基本的礼仪，所以特别规定不准家中所有人同睡一炕，必须分室而居，以从生活上进一步文明化。

专家认为，在此巨变的时代，一个国家若拒绝改变，一定会走向衰亡。唯有像秦国这样彻底改变，才能存活下来，并成为一个强大的国家。

> 嗯，只要换掉引擎和车架，还有外壳、座椅、轮胎，以及行车电脑、变速箱，再加上全新的悬挂系统及刹车系统，就可以改造完成了……

公孙鞅开始二次变法，计划将秦国彻底改造成一等强国

年度热搜榜

公元前三四四年

周显王二十五年 魏惠王二十六年 韩昭侯十九年 赵肃侯六年 齐威王十三年 楚宣王二十六年 秦孝公十八年 燕文公十八年

魏䓨独领风骚 带十二诸侯朝见天子

诸国中最为强大的魏国，虽然在前几年遭到军事上的挫折，却丝毫未减损其称霸天下的雄心壮志。日前魏䓨（魏惠王）还特别带领宋、鲁、卫等十二国诸侯，以老大哥的姿态，一同去朝见周天子姬扁（周显王）。其中卫国国君（卫成侯），还因为自己国势日小，而自己舍弃公爵的称号，自贬为侯爵，乖乖地跟在魏䓨的屁股后面当个小老弟。据可靠消息，魏国此次会盟十二诸侯，极有可能是要将矛头指向新近崛起的秦国。为此，秦国国君嬴渠梁（秦孝公）已紧急召见大良造（高级官员）公孙鞅会商，以寻求因应之道。

公孙鞅提议魏国君称王

魏国政府日前发布一项重大消息，从即日起，魏国的地位将从诸侯国提升为王国，国君魏䓨（魏惠王）称为魏王，与周天子姬扁（周显王）属同一等级，自此不再隶属于周室之下，各诸侯国应该改向魏王朝见。此消息一出，就引起齐、楚等大国的震怒，其中尤以齐国国君田因齐（齐威王）反应最为激烈。因为如此一来，仍属诸侯的齐国位阶便在魏国之下，所以齐国已发表正式声明，拒绝承认魏国的这项宣告，并称将采取必要的行动惩罚魏国这种僭越的行为。不过，据记者的深入追查，魏䓨之所以会称王，与秦国的大良造（高级官员）公孙鞅有极密切的关系。原来，公孙鞅为了避免魏国联合其他诸侯来对付秦国，特别出使魏国，对魏䓨建议说："魏国想要称霸天下，光靠拉拢十二个小国诸侯是不够的，应该再北向争取燕国，西向得到秦国的拥护，然后先升格为王国，称为魏王。有了王的身份，又得到我们这些国家的支持，就足以与齐、楚抗衡，进而成为全天下之王了。"魏䓨听了之后表示认同，于是便下令将所有的服饰旗号、车辆宫舍等，都提升成王等级之规格，并以魏王的身份向诸国发出命令，要求各国国君前往逢泽举行会盟大典。目前已知宋、卫、邹、鲁等小国的国君已确定参加这次的高峰会，大国中则只有秦国派出公子嬴少官前来参与，其余国家则不如魏䓨所预期的那么热烈，大部分仍在观望。

魏䓨自行宣布升为国王

年度热搜榜

公元前三四二年

周显王二十七年 魏惠王二十八年 韩昭侯二十一年 赵肃侯八年 齐威王十五年 楚宣王二十八年 秦孝公二十年 燕文公二十年

秦君称霸 太子朝周

在去年（前三四三年）秦国国君嬴渠梁（秦孝公）因收服西方各部落，被周王姬扁（周显王）加称为伯（爵位）后，今年（前三四二年）由太子嬴驷率领前来祝贺的戎狄九十二个部落酋长，一同到周王国朝见天子姬扁。这也意味着秦国已经顺利整合了西方各族的势力，待内政改革的成效具体显现后，必将开始往东寻求发展，到时秦和六国之间的冲突势必更加激烈。

> 哈哈哈……我们这团的声势最大了吧。

秦国太子嬴驷率领九十二个部落的首长前往朝见周王

魏王攻韩　田忌孙膑再出援兵

魏王魏䓖（魏惠王）对于前年（前三四四年）称王时，韩国竟然未表示支持一事，至今仍然怀恨在心，于是便派大将庞涓发兵攻韩。韩国只好一边顽强抵抗，一边派人紧急向齐国求援。田因齐（齐威王）为此询问众臣的意见，有人认为不要发兵，但是大将田忌却说："如果我们拒绝援韩的话，那韩国一定会被魏灭掉，到时魏国坐大，情势对我们不利。但如果现在就出兵援助的话，韩、魏双方军力都还未疲惫，我们简直就是去硬碰魏军，代替韩国白白挨一顿打，对我们也同样不利。倒不如告诉韩国我们一定会发兵相助，以坚定他们抵抗的决心，等到他们把魏国的军力都消耗得差不多时，我们再出手。到时，不但韩、魏两国都已削弱，我们也能名利双收。"于是田因齐就采用了田忌的计策，向韩国使者保证一定出兵相救。韩国仗恃着齐国的保证，便更加奋力抵抗，不过韩终非强大的魏军敌手，一连五次对战都遭受挫败。情势愈加紧迫的韩国只好再派出使节，请求齐国务必立刻发兵救援，并表示甘愿当个齐国的小跟班。这时田因齐才正式下令，任命田忌为主帅，孙膑为军师，即刻启程援助韩国。

年度热搜榜

公元前三四一年

周显王二十八年　魏惠王二十九年　韩昭侯二十二年　赵肃侯九年　齐威王十六年　楚宣王二十九年　秦孝公二十一年　燕文公二十一年

齐军伐魏救韩　竟传逃兵剧增

齐国大军在田忌的指挥下，再次运用孙膑的老战略，直取魏都大梁以解韩国之危。魏王魏䓨（魏惠王）在得到齐军即将入侵本土的消息后，立刻下令庞涓撤军回都以解其危。然后动员了魏国的所有武装部队，任命太子魏申为统帅，庞涓为前锋大将，准备全力迎战齐军，一雪十多年前（前三五三年）桂陵战役挫败、主将庞涓被俘的奇耻大辱。另外，根据战地记者的观察，远征魏国的齐军状况其实并不乐观，沿途士兵逃亡的情形可说是十分严重。光是点数军队开伙后留下的营灶痕迹数量，便可发现已从三天前的十万口灶，急速减少到只剩下两万口，估计因逃兵减损的兵力高达百分之八十。看来齐军尚未对战，就已经先行陷入了瓦解的窘境。魏国大将庞涓在获知这项情报后，雀跃不已，高兴地对属下说："我早知道齐人胆小，却不知道竟然怯懦到这种地步，简直弱爆了。这时若不对他们穷追猛打，要是让他们逃了，下次就再也没有这种机会了。"于是下令步兵军团照原定速度前进，自己则亲率精锐骑兵，只带少数干粮，以双倍的速度前进，准备一举歼灭齐军的主力部队。

报告将军，齐军的环保做得很好，遗留的垃圾量已经减少了八成……

那是因为人都逃光了，这下子我可以报上次被活捉的仇了……哼！孙膑，你死期到了！

由田忌、孙膑所带领的齐军，疑似出现严重逃兵的现象

马陵中伏　太子被俘大将战死

率领精锐部队日夜兼程追赶齐军的魏军主将庞涓，在行至马陵时，突然遭到齐军伏击而遭受整支军队被歼灭的命运。记者事后访问齐军的指挥部，发现原来一切都是军师孙膑的计谋，从一开始，他便故意逐日减少营灶的数目，为的就是制造齐军出现大量逃兵的假象，诱使魏军轻敌追赶。然后又计算好魏军急行军的速度，选择在道路狭隘、两旁山壁高耸的马陵设下埋伏。先令一万名弓箭手藏匿于两侧山崖之上，再用许多的战车、武器、大石等作为障碍物，让进入圈套的魏军无所遁逃。等到庞涓的精锐骑兵如预料中进入山谷后，便下令发动突击，瞬时箭如雨下、杀声震天。被堵塞在狭道中的魏军精锐骑兵逃无可逃，被全数歼灭，主将庞涓也同时战死。齐军在消灭了魏军最精锐的部队后，便乘胜追击，由田盼率军大败魏军步兵兵团，并生擒了魏太子魏申。分析人士认为，魏国此役惨败之后元气大伤，恐怕从此一蹶不振，将不复昔日荣光。而关于马陵之战还有另一项传闻，就是孙膑曾下令在马陵道中，先将一大树的树皮削去，然后在上面题了"魏庞涓死此树下"等字。并下令埋伏的弓箭手入夜后只要一见有人举火，便集中射向火光之处。果然庞涓于入夜后行经此处，因见树干被人削成一片雪白，中又题有文字，便令属下举火想要看清楚所题何字。庞涓还没读完树上的字，埋伏的齐军便已发动突击。身中数箭的庞涓见魏军精锐已尽数死于乱箭之下，自己也脱逃无望，便气愤地大喊说："我不甘愿竟然让孙膑这个白痴成名。"然后拔刀自尽。不过这个传闻并未获得证实，过程也有许多可疑之处，疑似有人凭空想象，添油加醋而成。

年度热搜榜

公元前三四〇年

周显王二十九年 魏惠王三十年 韩昭侯二十三年 赵肃侯十年 齐威王十七年 楚宣王三十年 秦孝公二十二年 燕文公二十二年

秦魏交锋　公孙鞅使诈擒魏将

> 公孙鞅设席邀请魏国主帅会面和谈，然后在餐后发动伏击

秦国国君嬴渠梁（秦孝公）看准魏国马陵之战大败，国力受挫的大好时机，下令大良造（高级官员）公孙鞅率兵东进，准备在魏国伤痕累累的身躯后面再补上一刀。魏王魏䓨（魏惠王）也紧急调动部队，派公子魏卬率领大军与秦军对峙。这时公孙鞅却派人送了一封信给魏卬，上面写着："从前我还在魏国的时候，我们俩可是好朋友啊，没想到今天却各自成了敌对两军的主帅。虽然我奉国君之命前来，但我内心实在是不想掀起这场战争。不如我们见个面，坐下来谈一谈，用和平的方法来解决。然后我们就可以如同以往那般举杯痛饮，再带着各自的军队班师。如此，不但可以圆满地完成任务，也可以使两国的百姓都不受到兵祸之损伤。"魏卬看完信之后，便带着愉快的心情赴约，两人也如预期中达成了和平协议，换约为盟。不过就在随后的庆祝酒会上，公孙鞅竟然出其不意地采用伏兵之计，当场生擒魏卬，然后向魏军发动攻击。失去主帅的魏军，当然也不出所料，在很短的时间内便已溃不成军。

邹忌诬以谋反 田忌无奈奔楚

> 就是他，找占卜师算叛乱的成功率！

> 没有啊……我只找过占卜师帮我算桃花运而已。

邹忌使出诬以谋反的伎俩陷害田忌

先前在桂陵、马陵两役替齐国立下大功的将领田忌，被证实已于日前投奔楚国，并获楚王的慰留。虽然齐相（高级官员）邹忌对外发表声明，表示田忌是因谋反事败而叛逃，但是记者深入追查却发现其中隐藏着很大的政治阴谋。原来邹忌一直把田忌当成自己最大的对手，近年来由于田忌屡立战功，在政治圈内的声望有逐渐压倒他这位当朝宰相的趋势，于是他便设计将田忌诬以谋反之罪。其具体的做法是，派人拿着十金，到市街上找一位占卜师，对他说："我乃大将军田忌的随从，我家将军率军作战，屡战屡胜，所以接下来打算做一件惊天动地的大事，要请你前往官邸帮他卜一下吉凶。"等到占卜师出门的时候，邹忌就马上派人将他逮捕了，并且取得田忌即将谋反的证词。田忌听闻此事，眼见大祸将至却又无法澄清，只好率领他的亲信卫队在都城临淄攻击邹忌的官邸。但是邹忌早有准备，田忌一时之间无法取胜，也无法证明自己的清白，只好放下一切逃往楚国请求政治庇护。邹忌这个栽赃陷害、诬以谋反的手法虽然十分粗糙拙劣，但却十分有效，完全如其所愿将政敌赶出齐国，稳固了自己的政治地位。

魏国君献地请降　公孙鞅受封商君

魏王魏䓨（魏惠王）在得到公子卬被俘、全军大败的消息之后，真是吓得肝胆俱裂，只好急忙派出使者，向秦国表示愿意归还公元前四〇八年吴起从秦国手中夺得的河西之地，以请求双方能达成停战和解的协议。据闻，魏䓨在遭逢这次战事上的大挫败之后，对于两件事情感到悔恨万分。第一就是后悔当初没有听公叔痤的话，重用公孙鞅或干脆把他杀了，所以今天才会被反咬一口。第二就是后悔派出不懂军事的贵族子弟做军队的统帅，才会让太子魏申及公子魏卬分别被擒，也导致魏国数十万大军接连溃败。而在秦国方面，由于国君嬴渠梁（秦孝公）很高兴能夺回河西这块战略地位非常重要的地区，心情一好，便把十五个乡邑赐给公孙鞅当作奖赏，并封其为列侯，号称商君。目前公孙鞅真可说是秦国的第一红人了。

年度热搜榜

公元前三三八年

周显王三十一年　魏惠王三十二年　韩昭侯二十五年　赵肃侯十二年　齐威王十九年　楚威王二年　秦孝公二十四年　燕文公二十四年

秦国太子嬴驷继位后，将公孙鞅以谋反的罪名五马分尸

> 之前胆敢整我，还害我老师的鼻子被割掉，现在落到我手上了吧。

少主继位顿失靠山　商鞅惨遭五马分尸

今年（前三三八年）对秦国来说可以说是极不安定的一年，首先是带领秦国迈向文明的领导者嬴渠梁（秦孝公）去世，接着是变法改革的舵手公孙鞅被以谋反的罪名处死。嬴渠梁去世，太子嬴驷（秦惠文王）继位后不久，之前被公孙鞅割去鼻子的贵族嬴虔，就向政府告发公孙鞅有谋反的迹象。嬴虔原本是太子老师时，就因为太子犯法而扛罪受刑，当上国君后的嬴驷心里对老师总是有一份亏欠。加上公孙鞅之前仗着国君嬴渠梁支持，不但对贵族不讲情面，连对太子也不买账。现在少主继位，公孙鞅顿时失了依靠，之前被整肃的贵族们纷纷跳出来反击，嬴驷也趁此机会，下令逮捕公孙鞅查明究竟有无谋反的事实。公孙鞅当然也很清楚，谁管你是不是真的谋反，一旦被捕便难有逃出生天的机会，于是便企图逃往魏国。谁知道魏国因为之前被公孙鞅给害惨了，不但接连败在秦国手下，连贵族魏卬也被公孙鞅用计俘虏了。这个伤口到现在还隐隐作痛，所以当然不肯让公孙鞅入境。公孙鞅见走投无路，索性放手一搏，回到封地调动所属民兵，真的发动武装叛变，北上攻击郑县。而结果当然是很快便被秦国的正规军队击败，重演吴起在楚变法后被杀的悲剧。只是死法不同，强力推动变法改革，把秦国带向富强新时代的公孙鞅，竟被车裂，也就是五马分尸了。不过公孙鞅在去往黄泉的路上或许不会那么孤单，因为在韩国变法改革的韩相（高级官员）申不害，也同样于今年（前三三八年）去世。

年度热搜榜

公元前三三六年

周显王三十三年 魏惠王三十四年 韩昭侯二十七年 赵肃侯十四年 齐威王二十一年 楚威王四年 秦惠文王二年 燕文公二十六年

魏外交政策大转弯 齐成为新一代老大

魏国近年来因为齐、秦、楚等国夹击，接连在征战中遭到惨败，不但蒙受了极大的损失，国力也急速下滑。于是魏䓨（魏惠王）不得不采用国相（高级官员）惠施的建议，通过齐国大臣田婴的安排，带着韩国国君到东阿朝见齐君，将田因齐（齐威王）拱上了老大的位置。专家表示，魏国此举，无疑是要把诸国围剿的压力，转移至齐国，就像公元前三四四年公孙鞅建议魏䓨称王那招一样。如此一来，楚、赵必定会将矛头指向齐国，魏国不但缓解了各国攻伐的压力，也报了齐国两次打败魏军的仇。而齐国，得到的只不过是名义上的老大空衔而已。

魏韩拱齐当老大，使得各国的进攻矛头转向齐国

商鞅虽死精神犹在　秦国继续推进改革

原本在秦国新任国君嬴驷（秦惠文王）将公孙鞅五马分尸后，各界最大的疑虑，也就是秦国是会继续改革之路，还是废除新法一切回到原点这个问题，答案已经逐渐明朗。由嬴驷继位这三年来的表现，可以看得出他并不是个傻子。虽然解决了和公孙鞅之间的私怨，但嬴驷同时也十分清楚，秦国若想壮大，就非得走上公孙鞅所规划的这条道路。所以，不但没有因公孙鞅之死而废止新法，反而继续推行其遗志。秦国政府于今年（前三三六年）宣布，将铸造钱币的权力收归中央，立法严格禁止民间私铸钱币。还规定凡是政府所铸造的钱币，不论品质好坏，一律通用。不准百姓、商家以及官府在交易时挑选使用，凡有违反此规定者，一律送办。若有挑选钱币而伍长未告发，或官吏未加追究者，都一样要被定罪。资深财经记者表示，秦国由于地处西陲，在经济规模上相较于其他国家是比较落后的，之前在市场上多以二尺五寸宽八尺长的麻布作为交易单位，称为一幅。今年圆形方孔的半两铸币流通后，以十一钱折合一幅布，所有物价都必须改以钱来计算，秦国才真正进入了货币经济的时代。

【金融专栏】各国货币

当代最具权威的金融研究机构日前发表一篇研究报告，指出目前除了秦国"初行钱"，将铸造钱币的权力集中到中央外，仍旧有许多国家允许各大城市自行铸造铜币流通。而这些铜币依形状及使用地区的不同，又可分为下列几种：

（一）刀币。由刀的形状演变而来，为齐、赵、燕等国的主要货币。刀币最早起源于春秋时期的齐国，由刀首、刀身、刀柄和刀环四个部分组成，上面铸有金文。

（二）布币。由农具镈（锄）演变而来，因形状似铲，所以又称铲布，于春秋时期开始出现。最初的布币，其首部保留着装柄的銎，故称为空首布。上面常铸有地名或记重的文字，主要使用地区为韩、赵、魏等国。

（三）圜钱。也称环钱，主要流通于秦国和魏国。形状为圆形，中央有一个圆孔，钱上铸有文字。由于造型简洁，形状统一，又方便用绳子穿起来携带及计数，因此越来越多的地方都开始铸造圜钱代替原来流通的货币。

（四）蚁鼻钱。又称鬼脸钱、铜贝币，是楚国地区流通的铜币。形似海贝，是从贝币演变而来的。钱币的正面有铸文，下端有孔。

年度热搜榜

公元前三三四年

周显王三十五年 魏惠王后元元年 韩昭侯二十九年 赵肃侯十六年 齐威王二十三年 楚威王六年 秦惠文王四年 燕文公二十八年

国相兼营婚姻中介
田婴替老板选夫人

> 不是这个吗？糟糕……我忘记哪个是正主了。

> 你给我认真地选……

田婴借着玉耳环揣摩上意，帮齐君选出心中喜欢的夫人

齐相（高级官员）邹忌去世后，国君田因齐（齐威王）任命儿子田婴为国相，协助他处理繁忙的国务。不过国相要处理的不只是国务，连父亲的家事似乎也在工作范围之内。之前田因齐的夫人去世了，田婴协助办完丧事之后，便和大臣们一同觐见，探询父亲想在侧室中，立哪一位为正室夫人。不过田因齐却不明讲，只说："国事重要，我没有心思去想这种事情，你们看着办吧。"这句话可苦了这班大臣，不为国君尽快立正室夫人不行，万一选错了人被驳回更不行。国君明明有偏爱的侧室，却又想要博得明君专务于国事而不贪美色的名声，硬要部属们"随便"帮他找一个正室夫人。大家都知道这随便不得，却又苦无方法探知国君心中的最佳人选。不过，能当上国相的果然不同，田婴便想了个方法试探田因齐的心意。就在第二天，田婴呈献了十对玉耳环给国君，其中九对都是普通市场上买来的便宜货，只有一对是特别从家中珍藏选出的精品。田因齐收到礼物后一看，"耳环，我又不能戴"，于是就把这批礼物借花献佛，转赠给他的十个妾室。当然，田因齐也是个识货的人，那对精品耳环当然赏给他最钟爱的那个妾室。等到要正式推荐正室夫人那天，田婴便很容易地在一众妾室中，认出了那个戴着精品耳环的妾室，并向国君建议立其为正室夫人。当然，田因齐很满意地接受了这个建议，也更加信任田婴。

齐魏徐州相互称王　可怜周王无人理睬

魏䓨（魏惠王）为了将齐国拱上老大的位置，缓解自己的外部压力，在前年（前三三六年）带着韩国国君到东阿朝见田因齐（齐威王）之后，仍依国相（高级官员）惠施之计，于今年（前三三四年）再度到徐州朝见齐君。不过这次的动作更大，自己先变服折节（换下王等级的服装改戴布冠，并废弃王专用的信物），然后告诉田因齐说："在您的面前我实在没有资格称王，普天之下，只有您够资格称王了，我愿以朝见天子的礼节来见您。"这一说，可把田因齐给乐坏了，他牵着魏䓨的手说："太客气了，您今天特地到我这里来给我奉上齐王的称号，真是给足了我面子。您魏国也是中原一等一的强国，我也承认您魏王的称号，从此两国交好，如何？"于是齐、魏两国共同发表声明，互相承认彼此的称号与地位。不过，其余各国在收到消息后，大多气得跳脚，并纷纷提出抗议，其中尤以楚、赵两国的反应最为激烈。倒是原本高高在上的周王姬扁（周显王），因为自己实在太弱了，所以对于这两个原本是下属的人现在和他平起平坐，反倒不敢吭一声，只能在暗夜中独饮解闷。所以今年开始，除了周王、楚王，以及近年来逐渐衰颓的越王外，又多了齐、魏两个王。看来其余各国陆续称王应该是个趋势，到时所有人都变成王之后，可能又得再想个新的位阶往上加了吧。

韩国大旱　竟建高门

今年（前三三四年）韩国久不降雨，干旱成灾，各地民不聊生。但是韩国政府却在这个时候砸下大钱，计划兴建一座宏伟气派的纪念门楼。据闻，到韩治公的楚国大臣屈宜臼就对韩国国君说："我看您是没有机会走出这座华丽的高门了，为什么呢？因为建得不是时候啊。之前您一切顺利，国势日上的时候没有兴建，去年秦国攻占你们宜阳，今年全国大旱成灾，您不厉行节约，体恤百姓的困苦，竟然挑选这个时候兴建这种奢华浪费、毫无用处的高门，这可是亡国的措施啊，所以我说您盖得不是时候。"韩国国君听了当然不太高兴，不过碍于楚国的强大，所以也不敢对屈宜臼怎样。虽然兴高采烈的心情被浇了盆冷水，但工程仍旧持续进行。

年终上计齐王偷懒 田婴阴夺考核之权

齐王田因齐（齐威王）在今年（前三三四年）对官员的年终考核开始后不久，便因该项事务过于麻烦琐碎，而将全国的官员年度考核全权交由国相（高级官员）田婴处理。原本年终上计时，国君会根据幕僚对于簿册文书的整理所提出的汇报与建议，亲自对百官的考绩当场做出裁示。但今年考核之前，田婴便向田因齐建议说："年度考核是国家的大事，应该由国君亲自审阅各地官员所呈上来的簿册，然后一一听取他们的口头报告，核对其施政绩效，如此才能确实地考核百官，避免官员有渎职怠惰的情形发生。"齐王听了之后觉得很有道理，便下令从今年起，所有年度上呈的簿册直接送到宫中，由他本人一一细览查阅，然后再与官员面谈。于是田因齐便格外振奋，准备好好地执行他的考核生杀大权。但出其意料的是，每天送进来的簿册竹简堆积如山，里面密密麻麻的文字报表，怎么批也批不完。不到三天，田因齐便觉得这差事实在太苦了，"放着好好的一个王不当，跑来跟这些东西混在一起干吗，像这种琐碎繁杂的事还是不碰为妙"，便传来田婴，将年度考核的所有业务，全都交给他去处理，自己也落得清闲。不过政治分析家认为这对齐国来说是个隐忧，因为国君将考核官员的权力下放给国相，无疑将使国相过度扩权，而百官因为害怕考绩不好，心里便全向着田婴，所以极有可能会有营私舞弊的情形发生，而成为政治败坏的源头。

【专题报道】年终上计

所谓年终上计，就是国君在年度结束时，依据百官的施政绩效，进行考核的制度。在每年一开始时，中央的重要官员及地方首长，就必须先针对所有主管的重要项目，包括仓库及存粮数量，或是成年人口、官吏及学生数量、各类职业的人数，甚至牲口数量、饲料存量等，做出年度预算与计划。然后把这些数字及规划，写在木券上，呈报到中央。国君则会将送来的木券从中一剖为二，其中右券由国君留在宫中，左券则发还给当事人收执。等到年度终了的时候，官员们就拿着自己的左券，回到中央做年度的考绩面谈。面谈通常由国君亲自主持，或由国相在旁辅佐，这时国君会以右券为依凭，来考核其达成率，如果考绩优良便可获得奖励、留用，或者是升迁。考绩差的则给予谴责、收玺免职，甚至当场治罪究办。而各主管官员回去之后，也是采用类似的方法对下属做出考核。

年度热搜榜

公元前三三三年

周显王三十六年 魏惠王后元二年 韩昭侯三十年 赵肃侯十七年 齐威王二十四年 楚威王七年 秦惠文王五年 燕文公二十九年

齐魏称王后遗症　赵袭魏楚欲攻齐

去年（前三三四年）齐、魏两国相互承认王国地位的事件，在今年（前三三三年）继续发酵。对此无法容忍的赵国国君赵语（赵肃侯）首先发难，派兵围攻魏的黄城以示不满，并在漳水、滏水之间筑起长城，以防齐、魏两国的进攻。在楚国方面，楚王熊商（楚威王）也正在积极动员，并联合了鲁国，准备向齐国发动惩罚性的攻击。魏、齐之间则是重申盟约。魏国为了表示诚意，还派出大臣董庆到齐国当人质，以作为出兵助齐抗楚的保证。齐王田因齐（齐威王）为免腹背受敌，已紧急任命心腹张丐为大使，前往鲁国游说，劝阻鲁国出兵助楚。

韩国豪华高门完工　国君果不得出其门

韩国在去年（前三三四年）花了大笔预算所兴建的奢豪高门，终于在今年完工，但原本想在完工时大肆庆祝，并对自己的功绩吹嘘一番的韩国国君，竟然也在此时去世，果然应验了之前出使韩国的楚臣屈宜臼所说韩君出不了此门的话。如今看来，这大笔的经费盖成的高门真是一点用处也没有，比石头丢入水中还不如，连个声响也没有，就这样把救济灾民的钱白白地浪费掉了。

张丐说鲁中立　楚军徐州败齐

张丐奉了齐王之命，前往鲁国请求国君在这次的战事中保持中立，并立即把军队撤回。鲁君反问道："嘿嘿，齐王是不是怕了啊？"张丐回答说："齐王是不是怕了我可不知道，我只知道我是来吊唁您的。"鲁君不高兴地说："呸呸呸，什么吊唁！"张丐说："还不都是您的如意算盘打错了，您不帮助即将打胜仗的国家，而去帮助会吃败仗的国家，这不先来给您吊唁一下吗？""那你说，齐、楚两国交战，到底哪一国会获胜啊？""这种问题，就算是鬼神也不知道答案吧。""那你还说要吊唁我！""齐、楚是两个势均力敌的大国，胜负并不会因为有没有鲁国的参战而受到影响，您万一押错宝，那可不是要大祸临头了吗？倒是您怎么不考虑一下自己，如果先保全了鲁国的军队，然后等齐、楚打完了，精锐的部队也都伤亡得差不多了，再决定和胜利的那国联合。到那时，胜利的国家必定会大大地感激您啊。"鲁国国君认为张丐的话很有道理，便召回军队保持中立。不过，齐国并没有因为鲁军的退出而赢得胜利，楚王熊商（楚威王）所亲率的大军，仍旧在徐州将齐国将领申缚的部队击溃，并要求齐国撤换田婴的国相（高级官员）之位，以作为停战的条件。

全凭一张嘴！ 人质免死　齐相留任

> 因为这样……所以不是那样……只要那样就可以这样……如果没有这样……又会变成那样……

> 好好好……就依你的……

说客运用极高的说话技巧，不仅救了人质，还让田婴逃过被撤换的命运

齐国在徐州吃了个大败仗之后，国相（高级官员）田婴对于魏国原本答应要出兵相助却又食言一事，感到十分气愤，便想将魏国派来的人质董庆给杀了。董庆一听到这个消息，简直吓得腿都软了，连忙找盱夷前去游说田婴，希望能保住一命。盱夷便前去告诉田婴：" 您知道为什么楚国大败齐军，却不敢深入齐地吗？那是因为它顾忌着魏国会在楚国深入时，伺机从后突击啊。如果您现在杀掉董庆的话，那不是明白地告诉楚国，说齐、魏之间已经决裂，不必担心魏国偷袭了吗？而且，要是魏国一生气，反过来和楚国联合的话，那齐国可就要面临前所未有的险境了。不如善待董庆，以拉拢魏国，这样楚国就会因为疑惧不安而不敢采取行动了。"于是田婴放弃了杀死董庆的念头。不久，田婴听说楚王要挟齐王要将他放逐，便也想利用说客的力量来为自己化解危机，于是便请刚从鲁国回来的张丐再跑一趟楚国。张丐见了熊商（楚威王），说："您之所以在徐州能战胜齐国，那是因为齐国没有任用盼子为将的关系。盼子这个人您是知道的，他有功于齐，百姓也乐于听其调遣，但偏偏和田婴合不来。所以田婴舍盼子而用了申缚为将，申缚这个人在齐国口碑极差，大臣和百姓都不愿意和他配合，所以楚国才能从他手中夺得胜利。现在齐国如果依您的意思放逐了田婴，那就一定会起用盼子，到时盼子重整齐军，然后再来和您的军队较量，只怕情况会对楚国不利啊。"于是熊商收回了放逐田婴的要求，而田婴也暂时保住了相位。

年度热搜榜

公元前三三二年

周显王三十七年 魏惠王后元三年 韩宣惠王元年 赵肃侯十八年 齐威王二十五年 楚威王八年 秦惠文王六年 燕易王元年

魏割让阴晋求和 秦答应暂时停火

魏国与齐国结盟之后，虽然化解了来自东方的军事压力，但西方新兴的秦国却仍毫不放松地紧咬着，不断地在边境发动攻击。魏䓨（魏惠王）为了安抚秦国，在日前竟然以割让阴晋作为和谈停战的条件。秦国国君嬴驷（秦惠文王）在闻讯后，便满意地将阴晋收下，改名为宁秦，并下令停战修好。不过，本媒体长期派驻秦国的资深记者表示，依其对秦国的了解，这次的停战应该不会持续很久，因为秦国将阴晋纳入版图之后，将更有利于其向东开拓领土。嬴驷不可能那么老实，乖乖地遵守停战协议，必定会加紧操练士卒以便继续东进。看来，魏国只是徒然增加自己的损失罢了。

那我们就说好，从今天开始停战了……

嗯，那我们"今天"就停战吧，至于明天……

魏献地请求停战，但秦国是否会依约而行，仍令人怀疑

赵掘黄河退敌　无辜百姓受害

由于魏、齐两国联军围攻赵国，赵国国君赵语（赵肃侯）便下令掘开黄河河堤，以溃堤之水淹灌魏齐联军。此举虽然奏效，但却也使得沿岸百姓无端受到波及，生命财产蒙受极严重的损失。赵国政府也正式对外宣布，说明此次的水患因无可避免之因素，不会对受灾户有任何补偿，也不存在国家赔偿的问题。

别怕，我一定会保护百姓的……

害我们东西都被大水冲走了，还说什么保护百姓……

赵国政府掘开河堤，虽然成功逼退敌军，但也殃及无辜的百姓

# 年度热搜榜

公元前三三一年

周显王三十八年 魏惠王后元四年 韩宣惠王二年 赵肃侯十九年 齐威王二十六年 楚威王九年 秦惠文王七年 燕易王二年

> 耶！

> 让我们欢迎公孙衍大人，来为我们敲碎这破纪录的冰块，见证这历史性的一刻。

80000

秦国大良造公孙衍历经两年，终于攻下魏国雕阴，并俘虏魏将龙贾，斩敌八万人

西方部落内乱
秦国出兵平定义渠

西方的义渠国算是西北部落中较早改变游牧的生产方式，并建立城镇，战斗力也较强大的国家。它曾在四年前（前三三五年）击败秦国正规军，一度强烈地威胁秦国边境的安定。但是今年（前三三一年）义渠爆发内乱，秦国便趁此机会派兵一举将其平定，也暂时解除了背后多年的隐忧。

秦公孙衍大败魏军　俘虏敌将斩首八万

秦国自公元前三三三年起用公孙衍为大良造（高级官员）后，便不断地计划如何侵吞魏地。虽然去年（前三三二年）魏国主动将阴晋之地献给秦国，当作双方停战的条件，但秦国国君嬴驷（秦惠文王）在收下献地后不久，便又下令公孙衍大举攻魏。日前秦国再次传出捷报，公孙衍历经两年的征战，终于夺取雕阴，共计斩下魏兵八万首级，魏国主将龙贾也同时被俘。龙贾一直是魏国西线边防的主将，曾率领所部修筑境内的长城以抵御秦国。此役魏国河西地区的主力兵团被秦国一举歼灭，可以说是三晋在对抗秦国这个新兴强权的战役中，所遭受的首次大败。未来魏、赵、韩如果不能齐心抗秦的话，恐怕胜算将越来越小了。

年度热搜榜

公元前三二九年

周显王四十年 魏惠王后元六年 韩宣惠王四年 赵肃侯二十一年 齐威王二十八年 楚威王十一年 秦惠文王九年 燕易王四年

樗里疾担任秦将　连取魏国数城

秦国国君嬴驷（秦惠文王）在去年（前三三〇年）起用樗里疾为将，率兵深入魏地，包围焦城及曲沃等地。魏国无法支撑，只好献出包含少梁的河西之地求解。但是，魏国丢出的这块肉，并没有办法喂饱秦国这匹饿狼。今年（前三二九年），樗里疾再次发动猛击，攻破焦城及曲沃，并把曲沃的魏国百姓尽数迁出，削弱魏国在此地的影响力，以作为进攻中原的据点。秦国大军接着渡过黄河，又夺下汾阴及皮氏二城，目前秦军已将重点放在稳固新得到的城邑上，预估短期内应该不会再有对魏用兵的行动。

> ……
> 我就顺便送你去找你老爹做伴好了……
> 可恶，竟然趁人家在办丧事……当心我死去的老爸找你……

魏王趁着楚王去世的机会，想要联合秦国，对楚国发动攻击

楚王去世太子继位　魏闻楚丧竟起军兵

魏王魏䓖（魏惠王）在听闻熊商（楚威王）去世的消息后，便立刻发兵攻击楚国，企图在新王熊槐（楚怀王）尚未熟悉政务之际，从中捞点好处。而楚国方面得知魏国竟然趁丧发兵，上下都感到十分气愤，于是紧急调动三军，准备与魏国火拼。魏䓖为了避免攻楚时秦国又从后偷袭，便派人前往秦国说服嬴驷（秦惠文王）共同发兵攻击楚国，并答应事成之后，以上洛之地作为谢礼。不过直至截稿，嬴驷还未对此事做出任何答复。

宋国发生武装政变 弟逐兄长自立为君

宋国日前爆发政变，国君子罕（宋剔成君）之弟戴偃发动武装革命，成功夺取了国君的宝座，落败的子罕则是狼狈地逃往齐国。根据档案资料，戴偃（宋康王）容貌不凡，不但面有神光，力量还大到可以把铁钩拉直再折弯。预料宋国在这个硬汉的带领下，应该会加强军力战备，极有可能成为中原新兴的势力。

宋国君之弟戴偃发动政变，成功地从兄长手中夺得国君宝座

张仪入秦建言　嬴驷出兵助魏

针对是否要出兵援助魏国已考虑许久的秦国国君嬴驷（秦惠文王），最后终于点头同意，以今年（前三二九年）刚取得的皮氏之地，所征得共计一万名步兵及一百辆战车的兵力投入战场，与魏军协同作战。果然，魏国军队在秦军的协助之下，很快便在陉山击败了楚国大军。不过，据记者的深入了解，这次影响嬴驷做出此项决策的，是一个名为张仪的人。资料显示，张仪原本是魏国贵族的庶出子弟，之前曾到楚国去面试，但是并未得到工作的机会。其后路经东周封国（非周天子之王朝）时，在东周国君的礼遇与资助之下，才转而进入秦国寻找机会。当时正值嬴驷在为了是否出兵助魏而举棋不定，张仪在面谈时就建议："这时应该是要出兵助魏的，道理很简单，如果魏国战胜，就一定会感激秦国出兵相助，然后将它黄河以西的领土献给秦国。如果魏国战败，那它的力量必定衰减，也就守不住黄河以西之地。到时，秦国也可以轻易地出兵夺取此地。"嬴驷听了之后，便决定采纳张仪的建议，出兵助魏以谋取其地。不过，在魏国得胜之后，听说魏䓖（魏惠王）一度反悔，不想献出之前讲好的上洛之地作为酬谢。最后在嬴驷扬言要和楚国联合攻魏的情况之下，魏䓖才老实地把上洛之地割给秦国。综观这次战斗，表面上是魏国胜了楚国，但魏国却又得把地割给秦国，所以秦国才是真正的大赢家。

年度热搜榜

公元前三二八年

周显王四十一年　魏惠王后元七年　韩宣惠王五年　赵肃侯二十二年　齐威王二十九年　楚怀王元年　秦惠文王十年　燕易王五年

大发慈悲？秦国归还所抢魏地

近年来秦军可谓所向无敌，不但大胜赵国，斩杀其主将赵疵并夺取蔺、离石两地，嬴华及张仪所率领的大军也攻陷魏国的边城蒲阳。不过，秦国竟然出乎意料地将蒲阳还给了魏国，还让贵族嬴繇到魏国当人质，企图和魏国建立良好的关系。但实际上，此事件可能并不像表面上那么单纯，因为据说张仪已经奉嬴驷之命，启程前往魏国。张仪此行目的为何目前仍不可知，记者将会继续追踪报道。

中山引水攻赵

原本被魏国所灭，后来在公元前三七九年复国的中山，在历经五十年漫漫的复兴长路后，逐渐强大起来。今年（前三二八年）中山便趁着秦军攻击赵、魏两国的同时，发兵袭赵，与赵国部队在房子（古地名）发生激战，还引水围攻鄗城，造成赵国极大的损失。

张仪封相　口才换得十五城

只身赴魏的张仪，凭着铜牙铁齿，把魏国君臣上下唬得团团转。据记者得到的消息，张仪对魏䓨（魏惠王）说："我们秦国对你们可说是存着一份特别的感情啊。你看，有谁可以从秦国手上毫无理由地拿回失去的领土？没有啊！只有对贵国，我们不但将蒲阳之地双手奉还，还让我们的贵族公子嬴繇到这里当人质。我们国君为了修好两国的关系，付出了这么多心力，贵国也该表示点诚意吧。"魏䓨愣了一下，问道："那我们应该如何做才不会失礼呢？"张仪说："这好办，贵国只要把上郡地区小小的十五个县，当作回礼送给秦国，就证明了贵国有意结交我们这个兄弟之邦。但是如果连这点小小的诚意都没有，会让我们国君觉得贵国瞧不起秦国，不肯交这个朋友，光在那打马虎眼的话……那您就看着办吧。"魏䓨最近大概是被欺负怕了，显得怯懦起来，之前称王的那股气势早已不复存在，只好饮恨"自愿"献出上郡十五县。嬴驷对于张仪仅凭一张嘴，便将十五座城轻松收入口袋的本事赞赏不已，在张仪回国后，便任命他为相邦（高级官员），取代了公孙衍的位置。而丢了相位的公孙衍，便怀着痛恨张仪的心，无奈地离开秦国，到魏国去寻求另一片天地。

年度热搜榜

公元前三二七年

周显王四十二年 魏惠王后元八年 韩宣惠王六年 赵肃侯二十三年 齐威王三十年 楚怀王二年 秦惠文王十一年 燕易王六年

秦国义渠置县

秦国在公元前三三一年趁西方的部落义渠内乱时，出动武装部队强力入侵，迫使其臣服后，终于在四年后决定将该地设为义渠县，并任命其酋长担任政府的官职。不过分析家指出，秦国虽然暂时使义渠臣服，但事实上由于民风差异甚大，想要部落百姓诚服归化，安居乐业，恐怕没有那么简单。

张仪启动连横　频向魏国招手

秦国继去年（前三二八年）将攻得的蒲阳归还魏国之后，今年（前三二七年）再度对魏国积极地释放出善意，将焦城、曲沃以及皮氏等地，全都归还魏国。而魏王魏䓨（魏惠王）对于这些城市能够平白无故地失而复得，则是显得高兴万分，直说要好好地维护魏秦两国间的友好关系。据了解，秦国一连串向魏国示好的动作，全都是出自相邦（高级官员）张仪之手。而张仪这样做，应该不会只是因为他出身魏国，或单纯只是想和魏国交个朋友。相关学者指出，张仪可能正在实行一种名为"连横"的策略，也就是先拉拢东方各国中的一个国家，以形成与秦国的联盟关系，破坏东方各国间的合作，然后再对其他国家分别击破。若如学者所言，除非东方各国能够尽释前嫌，来个空前大合作，否则要是被一一击破的话，恐怕很难对付秦国这只刚下山的猛兽。

张仪以连横策略拉拢魏国，破坏关东各国彼此间的关系

年度热搜榜

公元前三二六年

周显王四十三年 魏惠王后元九年 韩宣惠王七年 赵肃侯二十四年 齐威王三十一年 楚怀王三年 秦惠文王十二年 燕易王七年

> 这就是网络上有名的那间客栈吗?
>
> 看！腊祭庆典开始了！
>
> 来打卡吧。
>
> 耶！
>
> 嗯，还被拍成电影呢。

秦国在龙门地区扩大举办腊祭庆典

秦龙门初腊　官与民同欢

秦国政府宣布，从今年（前三二六年）开始，每年冬季举办"腊祭"庆典，以庆祝丰收、酬谢鬼神。在节日期间，民众不分男女老少，都热烈参与联欢，全国犹如狂欢一样热闹非凡。今年的首次庆典，还特别选在龙门集会扩大庆祝规模，以增进与该地区游牧的戎狄部落之间的友谊。据记者了解，秦政府举办这项活动的目的，最主要是想加强与戎狄部落之间的友好关系，以巩固刚得到的河西与上郡的统治，并减少与戎狄部落的摩擦。

国君赵语辞世　赵国太子继位

赵国国君赵语（赵肃侯）去世，秦、楚、燕、齐、魏等大国都依循礼节，各派出万人的部队前来吊丧。丧礼之后，由赵语之子赵雍（赵武灵王）正式继位为国君。但由于赵雍年纪尚轻，依惯例还要再过两三年才能临朝听政，所以便设立了博闻师（国策顾问）三人，左右司过（监察官）三人来协助其执政。

赵雍

年度热搜榜

公元前三二五年

周显王四十四年 魏惠王后元十年 韩宣惠王八年 赵武灵王元年 齐威王三十二年 楚怀王四年 秦惠文王十三年 燕易王八年

秦国升格称王 魏韩同贺跟进

在相邦（高级官员）张仪的策划下，嬴驷（秦惠文王）于今年（前三二五年）四月，正式举行称王的仪式。并依之前齐、魏徐州相王的惯例，邀请了魏、韩两国的国君共同参与盛会。仪式中，先由魏王魏䓖（魏惠王）带着所有与会者，推尊嬴驷为王。接着嬴驷发表秦国升为王国的宣言，并同时承认魏、韩两国的王号。然后魏、韩两国的国君当场为嬴驷驾驭王等级的专用车，让整个会场的气氛达到最高点。这一次与会的嘉宾，除了魏、韩国君外，还有将近百位的戎狄部落酋长，营造了惊人的气势。

漫画旁白：
- 韩、魏两国国君亲自为秦王驾车助兴
- 国君的车来了……
- 哇！好气派！连拉车的那两个都戴王冠呢……

公孙衍田盼联手 出动魏齐大军击赵

之前被张仪取代相邦（高级官员）之位而出走的公孙衍，到了魏国之后一直苦无表现的机会，便想联合齐国将领田盼，一同请魏、齐两国国君拨军队给他们去攻击赵国。公孙衍对田盼说："请你帮忙建议两国的国君，说只要各出五万名士卒，不出五个月我们就可以打败赵国。"但田盼认为提出的人数太少，而且把事情讲得太简单了，到时要是赢不了就麻烦了。但公孙衍解释说："原本魏、齐两国国君就已经不太想出兵了，如果又把这件事说得很难，那他们怎么可能会把军队交给我们去冒险？所以要先把事情说得简单些，让国君们认为打这场仗易如反掌，不打反而可惜，这样便会答应出兵。一旦战争开打，国君们见有危险，必然会再增兵援助，到时一定可以取得胜利。"果然在这样的鼓动下，田盼及公孙衍顺利拿到两国军队的指挥权。而军队才刚出发，田因齐（齐威王）与魏䓖（魏惠王）便如公孙衍所料，立刻征补大军调往前线，进而大败赵军。田盼在此役中俘虏了赵将韩举，攻取了平邑和新城，公孙衍则击败了赵护，如愿建立了其在魏国的第一件功劳，也稳固了自己在魏国的政治地位。

天价赏金　卫国一城换回逃犯

现在一个通缉犯的悬赏金究竟价值多少？除非看了以下这则新闻，否则对于这样天价的悬赏金一定没有人敢相信。据闻卫国有一名精通医术的犯人逃到了魏国，阴错阳差地进了宫给魏王魏䓨（魏惠王）的王后治病。后来消息传回了卫国，卫国新任的国君（卫嗣君）竟然要求以一千二百金的代价换回逃犯。但是因为王后的病情日有起色，逐渐好转，所以魏国一连五次拒绝了卫国的要求。

没想到，卫国国君竟然不顾左右官员的反对，提出以左氏城交换逃犯的条件。而魏䓨当然也欣然接受了这项优渥的条件，重新为王后找了一位医生，然后将这个价值连城的逃犯送回了卫国。如今，这起事件已成为街头巷尾茶余饭后谈论的焦点。毕竟卫国也只是个小国，要是再多几个逃犯，那卫国可能就要从地图上消失了。

年度热搜榜

公元前三二三年

周显王四十六年　魏惠王后元十二年　韩宣惠王十年　赵武灵王三年　齐威王三十四年　楚怀王六年　秦惠文王更元二年　燕易王十年

一手棍子一手糖果　张仪大胆玩弄诸国

　　秦国相邦（高级官员）张仪在去年（前三二四年）采取军事行动，兵出函谷关攻击魏国占领陕城，尽得黄河天险，对东方六国形成强大压力后，今年（前三二三年）又改变外交方针，邀集齐、楚的国相，在啮桑举行了高峰会谈。政治评论家们在日前的政论节目中表示，由于魏相（高级官员）惠施先前采取联合齐、楚的策略，分别让魏太子魏嗣及公子魏高到齐、楚当人质，加上公孙衍为魏将之后，又与齐将田盼合作战胜赵国，所以张仪积极策划此次的高峰会谈，目的在于拉拢齐、楚二国，以防止魏、齐、楚形成以秦为敌的合作关系。各国若不能及时认清张仪这种一面拿着棍子扩张军事，一面给糖果和谈的两手策略，未来的生存之路将会更为坎坷。

五国相王　公孙衍推进合纵

　　刚替魏国立下大功的公孙衍，发现自己的死对头张仪企图整合秦、齐、楚三国的势力，便大力提倡"合纵"政策来与之抗衡。所谓合纵就是联合诸多弱国以抵抗强权，避免被其侵吞的策略。而公孙衍的具体做法则是"五国相王"，即促使魏、赵、韩、燕、中山五个国家相互承认彼此为王国的地位，然后结为稳固的联盟，以便与张仪的"连横"相对抗。不过，五国虽然都已称王，但是却未能如预期般紧密结合，因为东边的老大田因齐（齐威王）对于这件事颇有意见。田因齐认为，赵、燕两国继韩、魏之后称王也就算了，怎么连中山这种小国的位置都可以搞成和他一样。于是齐国便又联合燕、魏、赵三国，打算以武力迫使中山国废除王号。目前中山国在获知这项消息之后，已急得如热锅上的蚂蚁一般，四处寻求解决的方法。

齐王田因齐对于中山国竟然也使用和他同等级的王号十分不悦

原本隶属于周王国之下的韩、赵、魏、齐、燕、秦六国已先后称王,和楚王形成七雄并立的局面

游说成功　中山渡过封王危机

中山国因为封王一事触怒田因齐（齐威王），便紧急派出大臣张登前往求见齐相（高级官员）田婴，以求事情能有所转圜。张登告诉田婴："齐国如果为了撤去中山的王号，而联合燕、赵、魏出兵的话，中山必定会因为惧怕而力求依附离它最近的赵、魏两国，这样不就等于齐国白费力气替赵、魏两国驱赶羊群，而让赵、魏平白得到好处吗？这可是对齐国大大不利的事。不如直接告诉中山国君，说齐国答应让他称王。中山国得到齐的支持后，一定会高兴得立刻与赵、魏绝交，如此一来，赵、魏必被激怒而欲发兵攻击中山。这时中山一定又会因为情况危急而自动废除王号，然后百般示好来依附齐国，以求得到保护。如此一来，不但可以如齐王所愿，解除中山的封号，也可以得到实质上的利益。"田婴认为很有道理，便说服齐王依此议而行。但是，事情的发展却未如预料，原来张登留了一手，在齐王宣布同意中山称王的同时，张登也告诉燕、赵、魏三国的王，说："齐国先前之所以反对中山称王，纯粹是想要离间中山和各国的关系，然后让中山去依附齐国，以独自得到好处。"于是燕、赵、魏等国都决定支持中山称王，以和中山保持和善的关系，免得好处让齐国独占。

楚军胜魏又欲攻齐　画蛇添足终止行动

楚王熊槐（楚怀王）为了能与魏国有更亲密的关系，决定以武力要挟魏䓨（魏惠王）废掉太子魏嗣，改立目前在楚国当人质的公子魏高为王位继承人，于是便命令柱国（高级官员）昭阳发兵北进。昭阳顺利在襄陵击败魏军，并夺得八座城邑之后，兵锋一转便想顺便进攻齐国。不过，昭阳在接见了齐国使者陈轸之后，却忽然撤军而走，让齐国避开了一次兵祸。根据在场人士的说法，陈轸奉了田因齐（齐威王）之命去见昭阳时说："恭喜您打了胜仗，为楚国立了大功。不过我想请问一下，按照贵国的法律，像您这样覆军杀将的功臣，所能得到的官爵是什么呢？"昭阳得意地说："我现在已经官拜上柱国、爵为上执珪，接下来比这更尊贵的就只有令尹（高级官员）了。"陈轸说："这就对了，楚国已经有令尹了，不可能再有一个吧！我打个比方，有一个人赐给他的部属们一杯酒，但因为人太多不够喝，所以就有人提议看谁可以先在地上画好一条蛇，谁就可以独享那杯酒。于是大家就拿起树枝，在地上画起蛇来。其中有个人先画好，就把酒杯拿了过来，得意地说：'我还可以帮蛇画脚呢。'于是便左手拿着酒杯，右手开始画起蛇脚。不过蛇脚还没成形，另一个才刚画好蛇的人就从他手中抢去酒杯，说：'蛇又没有脚，你这不是蛇吧。'于是就把酒一饮而尽。今天您败魏夺邑，立下大功，又令齐国惧怕，名声有了，官衔也没有办法再往上加了。如果硬要攻击齐国，而让本来战无不胜的功绩出了什么错，那可不是丢官降爵，而是要掉脑袋的，就像画蛇添足一样啊。"昭阳听了之后觉得很有道理，便放弃攻齐，然后班师了。

年度热搜榜

公元前三二二年

周显王四十七年 魏惠王后元十三年 韩宣惠王十一年 赵武灵王四年 齐威王三十五年 楚怀王七年 秦惠文王更元三年 燕易王十一年

魏齐元首峰会 秦国积极介入

魏䓨（魏惠王）日前按照已定的行程规划，在鄄与田因齐（齐威王）举行两国元首的高峰会谈。但是由于本次会谈是由魏国大将公孙衍所主导及安排的，而公孙衍在去年（前三二三年）楚攻襄陵的战役中遭到挫败，而导致魏䓨对其信任感大为下降。加上最近秦国又对魏国不断示好，所以在会中虽然魏、齐双方针对两国的合作方式，进行了初步的意见交流，但事实上两国的关系却似乎开始动摇。比起公孙衍的"合纵"策略，魏䓨似乎对秦相（高级官员）张仪提出的"连横"更有兴趣。

（齐王，我给您介绍，这是我们魏王……咦？）
（秦比较好吗？）
（当然！）

张仪到魏国游说后，魏王亲齐的态度开始动摇

张仪辞秦相入魏　与惠施展开政策大辩论

秦王嬴驷（秦惠文王）为了积极拉近与魏国的关系，特别免除了张仪相邦（高级官员）的职位，将张仪强力推荐给魏䓨（魏惠王），希望张仪能在魏国顺利推行"连横"的策略，与秦结盟来共同对付齐国与楚国。但是魏国国相惠施对此却持完全相反的意见，认为魏国的安定必须建立在与齐、楚交好的基础上，于是便和张仪在魏䓨面前展开了辩论，为各自的政策辩护。魏䓨因此便召集群臣，希望能听取更多元的想法，不过所有的官员都一面倒地支持张仪的政策。惠施为此特别提醒魏王说："正常来说，不论什么政策，支持者和反对者的比例应该差不多一半一半。今天这么重大的议题，居然没有人反对张仪的意见，这实在太奇怪了，中间一定有您所不知道的内情，千万不可以就这样被蒙蔽啊。"但是魏䓨最后还是决定接受绝大多数官员的看法，支持张仪提出的政策。亲秦派的大获全胜，使得惠施在魏国的政治前途堪忧，看来下台是免不了的事，更需担心的可能是垮台后接踵而来的政治迫害。

魏国确定走亲秦路线 张仪任相惠施出亡

张仪在得到魏国政治圈的支持后,被魏罃(魏惠王)任命为国相(高级官员),并安排魏国太子到秦国进行亲善访问,凭借着自己在两国的影响力,搭建起魏、秦之间合作的桥梁。相较于张仪的春风得意,下台的惠施则显得狼狈不堪,为了躲避政敌的迫害,还连夜易容变装逃往楚国。但楚王并不想招来额外的麻烦,便将惠施转而推荐到宋国去了。另外,根据记者所得到的消息,已经担任魏相的张仪,极有可能和嬴驷(秦惠文王)之间有过协议,虽然在表面上已经被免除秦相之位,但实际上仍有秦相之权。不过这个消息,至今尚无法取得当事人的证实,秦国方面也不愿发表任何意见。

魏国媚秦　齐楚兴兵

田因齐(齐威王)和熊槐(楚怀王)因为见到魏国起用张仪为相(高级官员),态度开始明显倾向秦国,便准备联合发兵以攻击魏国。而这次军事行动的目的,一方面是惩罚魏国背弃齐、魏之间的友好默契,另一方面则是想借由军事行动迫使魏罃(魏惠王)撤换张仪。张仪方面听到这个消息之后,紧急和幕僚会商,寻求因应之道。会议中,雍沮说:"魏王之所以命您为相,是认为这样可以让国家平安而百姓无患。但现在齐、楚即将举兵兴战,这将不利于您在魏国的处境啊。不如让我去说服齐、楚两国,让他们停止进攻。"于是张仪便一方面派雍沮循外交渠道处理这个危机,另一方面派人前往秦国借兵以做好万全的准备。

以张仪密约为说辞　雍沮劝退两国兵马

在齐、楚两国打算派兵攻击魏国的同时,魏相(高级官员)张仪已经采取了紧急应变措施。张仪在派人回秦国向大将甘茂借得了兵马之后,前往齐、楚两国游说的雍沮方面也传回好消息。据可靠的消息来源,雍沮到两国后,分别对田因齐(齐威王)和熊槐(楚怀王)说:"您耳闻过张仪与秦王之间的密约吗?没有吧!不过今天算您运气好,我刚好打探到这个情报。您知道吗?张仪这次出任魏相的主要目的,其实就是要引诱齐、楚两国发兵去攻打魏国啊。不相信?没关系,让我慢慢分析给您听,您想想看,战事一旦爆发,最后魏国赢得了战争的话,那张仪在魏国的地位是不是就更加稳固,也更能有效推行与秦国联盟的策略了?魏国要是战败的话,那是不是一定会向秦国求援,并开出割地等于秦有利的条件请秦国出兵协助?至于齐、楚两国,则因为不断的军事行动而削减了自己的力量,战争带来的疲困将使得两国无法与秦抗衡。今天如果您真的出兵攻打魏国的话,那岂不正好牺牲自己来成就张仪的诡计吗?"齐、楚两国果然因此中止对魏国进军的计划,也让张仪顺利渡过这一次的危机。

齐相田婴改封于薛 政治实力日益壮大

齐相（高级官员）田婴自从公元前三三四年用计拿到了官员年终上计的考核大权后，在齐国的影响力便越来越大，不但家产累积的速度惊人，还取得了彭城作为封地。今年（前三二二年），田因齐（齐威王）又下令，将田婴的封地改换到油水更多的薛，号为靖郭君，又被称为薛公。不过这次的事件其中也有波折，原本楚王熊槐（楚怀王）不知道什么原因，对于田因齐想将田婴改封于薛十分不高兴，竟然想为此出兵攻打齐国。田因齐听说之后，一度打算取消，后来楚国方面却又传来消息，说楚王对此事的态度已转为支持，并表示不会为此出兵，田婴才顺利地得到薛地。根据记者传回的信息得知，楚王之所以会改变立场，最主要是受到田婴派去的说客公孙闬的影响。因为公孙闬对楚王说："您知道为什么鲁、宋等国争相侍奉楚国为老大，而齐国却不怎么理会楚国吗？那是因为齐国大而鲁、宋小，今天齐国把它的土地分封给田婴，那它自己不是就会变弱变小了吗？您可以不阻止这件事，就让齐王多多地把领地分封出去。过不了多久，齐国就会变成像鲁、宋那样的小国，而跑来抱您的大腿了。"熊槐认为公孙闬说得很有道理，所以才不再制止齐王，田婴也才能顺利得到新的封地。

> 大人，您的腰围最近又变大不少。
>
> 呵呵……没办法，新的领地油水实在太多了……

齐相田婴改封于更富饶的薛城

魏王不肯就范　秦国愤怒出兵攻击

由于魏相（高级官员）张仪于暗中兼领秦相的传闻不断，而最近又一直游说魏王应该臣服于秦国，以便其他国家效法，使得魏䓨（魏惠王）开始起了疑心，拒绝了张仪的这项建议。秦王嬴驷（秦惠文王）在得知魏国不肯顺服秦国的消息之后，便动员大军发动攻击，企图以武力来胁迫魏国就范。据前线记者所传回的最新消息，目前秦国军队已经占领了曲沃及平周，是否会有下一波的攻势，还有待观察。

年度热搜榜

公元前三二一年

周显王四十八年 魏惠王后元十四年 韩宣惠王十二年 赵武灵王五年 齐威王三十六年 楚怀王八年 秦惠文王更元四年 燕易王十二年

最新益智谜题 "海大鱼"究竟指啥

靖郭君田婴受封于薛（古地名）后，便开始与建筑师讨论关于修筑城墙的计划。不过，由于他聘用的许多门客一直谏阻，让正在兴头上的田婴感到厌烦，他便下令不准门客们再对此议题提出劝谏。命令下达后不久，有一位门客求见，请通报的人代为禀告田婴说："针对这个议题，我只请求说三个字。如果多说一个字，我便自愿被丢进热锅中烹死。"田婴很好奇他到底要说哪三个字，便答应召见他。没想到这个门客进来说了"海大鱼"三个字后，便拔腿往外跑。田婴见状，连忙把他叫回来，问道："这到底是什么意思，你不解释清楚，我整晚光想这个解答不用睡了。"这人回答："我可不敢拿自己的命开玩笑，就三个字，多说了是要出人命的。"田婴笑着说："没事的，你说吧。"于是这人才解释说："你没听过海中的大鱼吗？当它遨游大海之中，没有渔网可以困住它，没有钩子可以拉住它。但是它如果离开了大海，被困在陆地上，那么就连野狗蚂蚁都能得意地制服它。今天，齐国就是您的大海啊，如果您长期称霸齐国政坛，那还要薛地的城墙干什么？如果您失去了齐国的政治舞台，那就算您把薛地的城墙修筑得像天一样高，也等于没有用啊。"田婴终于接受这个建议，终止了筑墙的计划。

【专题报道】节

"节"是各国国君颁行，以作为通行验证身份之用的证件。原本是以竹节制成，现在多以青铜铸造，上有铭文，通常为两节竹筒剖成五片之弧形，中间腰部横有仿竹节之突痕。可分为水路用的通行证"舟节"，以及陆路用的通行证"车节"两种。有些国家给封君的节，还可用来当作通关时免税之凭证。于是许多封君都利用这个特权，在规定的数额之内流通各地的货物，以特权谋取商业上的利益。不过，也不是所有的物品都可以凭节免税通关，如金属、皮革、箭杆、刀枪等军用物资，是禁止运输通行的，而牛马等重要牲畜虽可运载，但由于它们的税是属于政府的直征税，所以仍要缴纳。

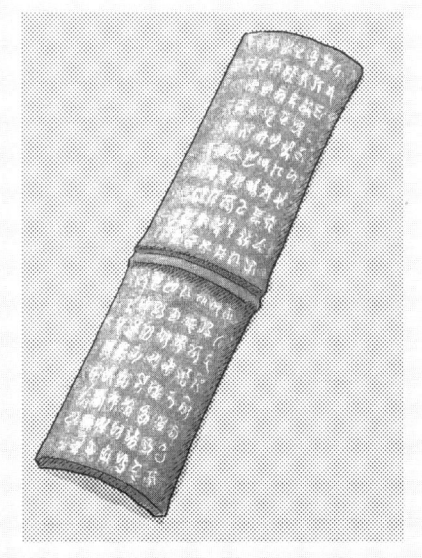

年度热搜榜

公元前三二〇年

周慎靓王元年 魏惠王后元十五年 韩宣惠王十三年 赵武灵王六年 齐威王三十七年 楚怀王九年 秦惠文王更元五年 燕王哙元年

孟子觐见魏王
宣扬仁义治国理念

魏王魏䓨（魏惠王）由于近年来屡遭败仗，国势明显由盛转衰，所以下令以重金礼聘各国的贤能之人，希望能为国家注入一股新气象。当代儒学大师孟轲（孟子）也于日前觐见魏王，以宣扬其仁义治国及效法尧舜先王的理念。两人会面时，魏䓨问道："先生您不远千里来到我们魏国，是否带来什么有利于我的国家的建议呢？"孟轲回答说："您为什么总是满嘴利益啊，我所追求的，不过是仁义二字而已。大王问'有什么是有利于我的国家'，那大臣们是不是要问'有什么是有利于我的家族'，百姓们就也跟着要问'有什么是有利于我的亲人'，每个人都只是为了争取利益的话，上下就会相互斗争，而使国家发生危险。但如果所追求的是仁义，那就不同了，因为我从来没有听过充满爱心的人会忘掉他的亲人，也从来没有听过充满道义的人会忘记他的君主啊。"据闻，魏䓨虽然表面上仍是十分礼遇孟轲，还对他的说法连连称是，但在结束了短暂谈话之后，却私下表示不会采用孟轲的这一套说法。看来孟轲想要在这个乱世推行他的理念，将会面对一段布满荆棘的道路。

> 我们应当要讲求仁义，不要每天只是把利益挂在嘴边……

孟子告诉魏王治国不可只谈利益，要以仁义为先

秦国大军借道攻齐　齐军将领忠诚堪忧

秦国前年（前三二二年）出兵击魏，以武力迫其结盟后，今年（前三二〇年）再度发兵突击义渠部落，攻取郁郅。西线稳定之后，秦便向魏、韩借道，出兵攻击齐国，以扩展在东边的势力范围。田因齐（齐威王）收到消息后，任命匡章为齐军大将，迎击来犯的秦军。但两军交战后，前线便不断传回匡章叛变的传闻，目击者还表示多次看到齐国的士兵出现在秦军之中。于是左右大臣纷纷建议齐王趁早出兵攻击匡章，以免事态严重，无法补救。但田因齐完全不相信这样的传言，回答说："以我对匡章的了解，他不可能会做出这样的事，你们放心好了。"目前秦、齐双方军队还在激烈的攻防中，匡章的部队是否会如传言般叛变，记者将持续追踪报道。

楚王以象牙之床为礼　遭田婴之子田文婉拒

在齐相（高级官员）田婴的四十个儿子当中，他最看重的是一个名叫田文，由小妾所生的庶子。由于田文自小便时常显露出过人的智慧与谋略，所以深得田婴的信任，田婴还把接待宾客的重要任务交给他。而田文在父亲的许可之下，也广施钱财，招揽了许多能人异士来到门下。据闻，在去年（前三二一年）田文代表齐国去楚国访问的时候，熊槐（楚怀王）因为十分欣赏他，便送给田文十分贵重的礼品象牙床。但是，出人意料的是，田文不久后竟向楚王婉谢这份价值连城的大礼。田文的这个举动，着实获得各国舆论界的一致好评。不过据记者深入了解，原本田文是打算收下这份厚礼的，还命令部属登徒直将象牙床运回齐国。但登徒直担心弄坏象牙床，实在不想接下这份吃力不讨好的任务，便私下请田文的随从公孙戌想办法，还答应事成之后以家传宝剑相赠。于是公孙戌便晋见田文说："很多小国知道您的仁义清廉，都争相聘请您兼任他们的国相。可是今天您第一次出访楚国，便收下这么贵重的礼物，那将来您再去别的国家时，叫他们送您什么呢？"田文听了之后即刻清醒，便立刻决定向楚王婉转辞谢。而顺利说服田文的公孙戌正要离开时，没走几步，便被田文叫了回来问道："你今天走路这么快，是什么事让你这么兴奋啊？"公孙戌也不讳言，把可以从登徒直那里得到宝剑的事，一五一十地说了出来。田文想了一下，便叫人张贴布告，并宣布："凡是可以让我得到好的名声，或能制止我错误的，不管是不是因为收了别人的贿赂，或是被人利用都没关系，请一定要马上向我提出劝告。"这个消息传开之后，田文的人气指数可说是直线上升，各地的人才也纷纷前往投靠。

田文在门客的建议之下，把楚王送的珍贵象牙床退回

一贬再贬
卫王自降为君

在周围大国不断兼并、国君先后称王的同时，像卫国这种小国家却由于国力日渐衰微而越来越难在夹缝中生存。卫国自公元前三四四年不敢与大国平起平坐，国君从公爵自贬为侯爵（卫成侯）以后，于今年（前三二〇年）再度自行贬降，国君不敢再使用侯爵的称号，而改称为君（卫嗣君）。

> 各位老大，我早就不当老大了，现在是老二，不……只是老三……

卫国国君不敢与各霸王平起平坐，再一次自贬封号

匡章大败秦军　张仪魏国失势

之前一度被认为即将叛变的齐国大将匡章，终于不负田因齐（齐威王）的信任，击溃秦军，获得重大的胜利。原来之前齐军投敌的传闻，是匡章故意命令所属的部分兵将，更换部队的识别标志以混入秦军之中，然后伺机在总攻击时里应外合所致。田因齐后来也针对为什么会如此信赖匡章做出解释："从前匡章的母亲得罪了父亲，被父亲杀死葬于马栈之下。我在征召匡章时，还特别告诉他，等他打了胜仗回来，我就帮他更葬母亲。但却被匡章婉拒了，因为他说父亲生前并未交代要重葬母亲，所以不敢在父亲死后擅自做此安排。你们想想，一个人既不敢欺瞒死去的父亲，又怎么会欺骗活着的君王呢？所以我断定他不可能叛变。"打了胜仗的匡章受到齐王的推崇，而吃了败仗的秦军却已经影响到张仪在魏国的地位。根据传闻，魏䓨（魏惠王）极有可能会撤换张仪的国相（高级官员）之位，并终止与秦国连横的计划，改与齐国交好。不过，田因齐已经没有办法分享这份喜悦了，根据齐国刚才正式对外宣布的消息，田因齐已经在日前去世，并由其子田辟疆（齐宣王）继任齐王之位。

> 爸！我以后一定会听你的话的！不要啊……

齐将匡章疑受幼时父亲独断专行影响，连父亲死后都不敢违背其做法

年度热搜榜

公元前三一九年

周慎靓王二年 魏惠王后元十六年 韩宣惠王十四年 赵武灵王七年 齐宣王元年 楚怀王十年 秦惠文王更元六年 燕王哙二年

以公孙衍为相　魏国重启合纵

秦国在去年（前三二〇年）与齐国的大战中失利后，倚靠秦国势力而为魏相（高级官员）的张仪，果然被魏王魏䓨（魏惠王）所罢黜而黯然回到秦国。魏王魏䓨同时应齐、楚等国的推荐，任命张仪的政敌，也就是倡议合纵策略的公孙衍为相，同时将流亡在宋国的惠施召回。至此，魏国的外交方向由连横转为合纵，再度与齐、楚等国恢复良好的合作关系。

义渠君访公孙衍

远在西方的义渠部落国君前往魏国拜访，与魏相（高级官员）公孙衍相谈甚欢，双方同意建立友好的关系。据说，义渠国君在临辞别时，公孙衍还拉着他的手说："两国之间路途遥远，我怕今日一别，往后再也没有见到您的机会了。所以有一件事情的真相，我一定要告诉您。"义渠君恳切地说："我愿意听。"公孙衍接着说："好，那我就将秦国要用来对付贵国的手段揭露出来，您可要牢牢记住啊。在山东各国没有对秦国采取军事行动的时候，秦国必定会对贵国烧杀抢夺，极尽欺凌之能事。要是山东各国进攻秦国的时候，秦国为免有后顾之忧，一定会对贵国表示友善，送给您贵重的礼物。到时您千万别被这些礼物所蒙蔽了，一定要采取一些行动，不然后悔莫及啊。"义渠君紧握公孙衍的手，激动地说："我恭敬地受教了。"一般认为，公孙衍此举已经先给义渠国打了预防针，日后在与秦国之间爆发战事的时候，相信义渠将会成为秦国背后的一颗炸弹。

魏䓨葬礼在即　遭逢罕见大雪

今年（前三一九年）入冬后，曾经带领魏国改革富强的魏王魏䓨辞世，由太子魏嗣（魏襄王）继承王位。而要为魏䓨举行葬礼时，魏国遭逢罕见的大风雪，听说积雪都高到了牛的眼睛处。群臣向太子建议延期举行葬礼，但太子仍坚持风雨无阻，一定要在原定的日期举办，更下令拆毁城墙，修筑栈道以便送葬队伍出行。群臣只好向公孙衍报告这件事，于是公孙衍便请惠施想想办法，惠施答应后就去见魏嗣说："从前周王季历葬在楚山脚下，但后来坟墓被山泉所冲刷而露出棺木。周文王就说：'这一定是先王想见群臣百姓啊。'于是便把棺木取出，重新让百姓朝见，三天后才重葬。现在先王安葬的日期将至，但却遭逢大雪而难以行动，如果太子您坚持要如期举行的话，会不会给人迫不及待要将先父埋葬的印象呢？先王一定是想要多留几天以扶助国家、安定百姓啊。如果您能同意延期举行葬礼的话，那就如同周文王一般伟大了啊。"魏嗣听了惠施的话之后，终于同意将葬礼延期举行。

年度热搜榜

公元前三一八年

周慎靓王三年 魏襄王元年 韩宣惠王十五年 赵武灵王八年 齐宣王二年 楚怀王十一年 秦惠文王更元七年 燕王哙三年

五国伐秦 楚为纵长

魏、赵、韩、楚、燕五国在魏相（高级官员）公孙衍的策动奔走下，终于成功整合，以熊槐（楚怀王）担任纵约组织的总召集人，共同出兵讨伐近年来不断东侵的秦国。不过根据记者的实地调查，虽然号称五国联军，但实际上出兵的仅有魏、赵、韩三国，燕国及身为纵约长的楚国，至今都迟迟未依约定派出军队。而秦国方面在得到消息后，已开始积极备战，目前双方部队调动频繁，大战有一触即发的态势。另外，秦国为了避免义渠国趁机从背后攻击，已决定采用怀柔安抚的政策，送给义渠国国君精工织绣的布帛千匹，以及妙龄女子百人，以求专心对付五国联军。

楚王自己身为纵约长，却迟迟不见出兵伐秦

秦军东出函谷关　义渠背后偷袭秦

根据前线最新传回的消息，秦国的部队在函谷关迎击纵约国联军，给对手造成极大的伤亡，其中尤以魏国的损失最为惨重，最后导致联军部队纷纷后撤回国。与此同时，曾经承诺一起发兵攻秦的齐国部队，则还在出发的路上慢吞吞地前进着。不过秦国虽然在东线战事获得胜利，但西线却冷不防遭到义渠的偷袭，损伤也颇为严重。原本秦国认为已经用文绣美女拉拢了义渠部落，没想到钱花了，却没有得到预期的效果。原来义渠国国君在收到礼物时，赫然想起之前公孙衍曾告诉他，哪一天秦国送来重礼的时候，就是正与六国交战而生怕后方被袭之时，于是便抓住这个大好时机，趁秦国上下的注意力都放在东战线时，发动突袭，在李帛（古地名）大败秦军。

秦国以礼物安抚的手法遭义渠识破而背后受袭

名号无用？
赵王撤销称号 宋君自立为王

在联军攻秦的军事行动失败后，赵雍（赵武灵王）深觉惭愧，于是召开记者会宣布："我目前并没有王的实力，怎么敢窃取王的称号呢？从现在开始，我正式废去国王的称号，以后称我赵君即可。"于是撤去从公元前三二三年起使用的王号。据闻，赵雍在挫败之后，已开始痛定思痛，寻求真正可以让国家变强的方法。但是，同一时间有人自废王号，却也有人自行冠上王的称号。宋国的国君戴偃（宋康王），在公元前三二九年发动武装政变夺取宋国政权之后，经过十年的努力经营，让国家逐渐强大起来。于是就利用今年（前三一八年）联军战败无暇他顾的机会，自行升级，号为宋王。并以施行仁政为号召，广邀有志之士前往投靠。

燕王完全信任 子之相权大增

燕王姬哙自从公元前三二一年继位以来，便一心一意想让自己成为贤明的君王，不过努力了几年国家也仍未见起色，最近联军伐秦仍是吃了败仗。今年（前三一八年）有大臣出使齐国回来，向他报告说齐王不够信任大臣，所以国家一定不会强大。姬哙便恍然大悟，将国家大权都交给国相（高级官员）子之。为了表示信任，燕王还把俸禄三百石以上大官的印玺全数收回，另由子之任命他中意的人选担任政府要职。政治分析家指出，姬哙此举愚蠢至极，不但不可能让国家强盛，反而可能诱使大权尽握的子之发动政变，造成燕国的动荡不安。不过子之方面已经发表声明，表示会绝对效忠王室，希望外界不要再有不当之联想，时间自会证明他的忠心赤诚。

年度热搜榜

公元前三一七年

周慎靓王四年 魏襄王二年 韩宣惠王十六年 赵武灵王九年 齐宣王三年 楚怀王十二年 秦惠文王更元八年 燕王哙四年

秦军在樗里疾的率领下，再度击溃三晋联军

秦军东进反击　斩敌首级八万

嬴驷（秦惠文王）挟去年（前三一八年）挫败联军之声势，命素有智囊之称的名将樗里疾率军，东出函谷关五百里，继续追击三晋军团。樗里疾深入三晋腹地，逼得魏、赵、韩的联军在修鱼（古地名）与秦军决战。结果三晋联军仍然惨败，韩将申差及赵渴、韩奂等贵族都惨遭俘虏，而被秦军斩首者更多达八万二千人。连原本保持中立的齐国，也利用三晋疲于应付秦军的时机，联合了宋国的部队，在观泽击败了魏、赵的军队。于是，由公孙衍所发起，一度声势浩大的五国伐秦之举以惨败告终。

年度热搜榜

公元前三一六年

周慎靓王五年 魏襄王三年 韩宣惠王十七年 赵武灵王十年 齐宣王四年 楚怀王十三年 秦惠文王更元九年 燕王哙五年

张仪再次相秦　魏齐韩三国结盟

最近各国的执政团队异动频繁，先是秦国前年（前三一八年）为了争取赵国的合作，一度以赵雍（赵武灵王）的大臣乐池为相邦（高级官员）。去年（前三一七年）由于在对抗联军的作战中大胜，秦国便将乐池换掉，启用张仪为相。魏国方面，则是为了和齐国建立良好的关系，在公孙衍的建议之下，于今年（前三一六年）聘请齐相田婴（靖郭君）之子田文（孟尝君）为魏相。而公孙衍则转至韩国担任国相一职，重新开始了魏、齐、韩三国合纵的形势。

嘻嘻……我们这边人比较多哦……

韩相 公孙衍

齐相 田婴

魏相 田文

秦相 张仪

……

魏、齐、韩三国在公孙衍的策划下，形成合纵抗秦的态势

西南国家动荡　秦军兵伐巴蜀

秦国西南的巴国，长期以来就与蜀国互相仇视，今年（前三一六年）因为苴侯与巴王友好，蜀王便兴兵伐苴。苴侯逃到巴国，便和巴王向秦国求援。嬴驷（秦惠文王）在得到消息后，本想趁机征服巴蜀，但一则因道路险恶，二则又怕韩国乘虚在背后偷袭，于是便询问群臣的意见。张仪主张应该先攻韩国，再逼近周王国抢夺象征天下权柄的九鼎，然后挟天子以令诸侯。但大臣司马错却认为如果照张仪的方法只会得到恶名而不会有实利，应先攻巴蜀以增加领土及财富，然后再顺长江而下灭楚，楚灭则天下归于秦。最后嬴驷决定任命司马错为统帅，出兵南下攻取巴蜀之地。

尧舜禅让再现
燕王让位子之

燕国大臣鹿毛寿日前向燕王姬哙建议:"从前尧将天下让给许由,许由不接受,而尧从此以后有了让天下的美誉,但实际上却没有失去天下。如果现在您把国家让给子之的话,子之一定不敢接受,而您的地位就会像尧一样崇高了。"不久,又有人向姬哙洗脑说:"从前禹将天下让给益,后来禹的儿子启与支持他的人一同从益那里把天下夺了回来。而禹在名义上让了天下,实际上却是让启亲自去取得天下。现在如果您肯把国家让给子之,上下官吏都还是臣服于太子,这样您就可以像禹一样只是在名义上将国家交给子之,而仍旧由太子掌握实权了。"于是一整天幻想着自己会成为圣王的姬哙,就真的把国家让给子之,而自己当起臣子,不再过问国政了。政治评论家为此特别提出警告,认为姬哙简直是蠢到家了,居然看不出那些向他建言的全都是子之的人马。一旦子之掌握实权,亲太子派的那些人,一定会因为担心失去权势,而采取激烈行动。看来,燕国即将进入暗无天日的战乱时代了。

燕王出人意料地将王位禅让给子之

秦国平定巴蜀　　给予税赋优待

由司马错率领的秦国西南远征军,在历经十个月漫长的行军之后,终于在葭萌一带击溃了蜀国的部队,并且在武阳将逃走的蜀王逮捕,随后将其处死。而当初向秦国求救的苴、巴两国,不但没有因此而得救,竟然也就这样顺便被司马错消灭了。不过,虽然秦国已经兼并了巴蜀之地,但由于部落的领导人在当地仍然深具影响力,所以在几经考虑之后,嬴驷(秦惠文王)决定采取较为柔性的统治策略,仍然将蜀王的儿子降封为蜀侯,并派遣官员陈庄为蜀国相(地方行政长官),以协助治理蜀国政务。而巴王的儿子则降封为君长,但仍然让他统领原部落。同时令秦国的女子下嫁给这些蛮邦的酋长,以维系良好的关系。在针对当地百姓的税赋方面,也特别地采取了优惠的措施,只要以土产的布匹八丈二尺及鸡羽二十把纳税即可。

年度热搜榜

公元前三一五年

周慎靓王六年 魏襄王四年 韩宣惠王十八年 赵武灵王十一年 齐宣王五年 楚怀王十四年 秦惠文王更元十年 燕王哙六年

燕太子起兵反子之 暗传齐国介入颇深

燕国在大臣子之因燕王姬哙的禅让，而名正言顺地坐上王位之后，便引爆了激烈的流血冲突。原王储太子姬平以及他的支持者，因不甘王位就这么莫名其妙地拱手让人，所以已和将军市被联手，于日前向子之发动攻击，目前子之方面的部队正在全力抵抗，现场战况可说十分惨烈。根据可靠消息，太子姬平这次的行动，其实是受到田辟疆（齐宣王）暗中支持的，所以此次的内乱极有可能会演变成外部事件。

> 别怕，你就尽力跟他拼，我在背后支持你……

> 那我就去了哦。

原本应该得到王位的燕太子，在齐国的支持下起兵反抗子之政权

秦国进攻浊泽　韩欲割地求和

秦国于去年（前三一六年）平定巴蜀后，再把发展重心转回中原地区，与韩国军队在浊泽发生激烈的战斗。目前韩国除了征调更多的兵马赶赴前线，并向齐国求援外，也同时想寻求其他的解决方式。据闻，大臣公仲朋已提出所谓"以一易二"的建议方案，打算通过秦相（高级官员）张仪讲和，割给秦国一城，然后和秦国联合去攻打楚国，再从楚国身上把损失的部分补回来。虽然韩相公孙衍极力反对，但此方案似乎已得到韩王（韩宣惠王）的首肯，公仲朋等人正准备动身前往秦国议和。

太子兵败身死
子之获得胜利

燕国的内乱事件在经过几个月的攻防战之后，出现重大转折。都城的百姓及民兵一面倒地支持子之，群起进攻太子姬平及贵族的部队。子之部队则趁乱发动大规模突击，双方激斗之中，共有数万人死亡。最后太子姬平及将领市被相继战死，子之方面获得胜利。不过，这场腥风血雨似乎没有这么容易平息，因为赵、齐两国都传出动作，想要插手这场斗争，以燕国的血来满足自己的欲望。赵雍（赵武灵王）一听到燕太子姬平战死的消息，便听从大臣乐毅之计，准备拥立正在赵国为质的公子姬职回国继承王位。而齐国因原先扶植的姬平起兵失败，所以也打算走到台前，以正规军介入。不但齐、赵两强觊觎，连中山国也趁机对燕发动攻击，在中人一带击败燕军，并斩杀了燕国的将领。目前燕国的情势可说是非常紧张，已陆续出现逃难的人潮。

子之击败燕太子的武装部队，成功保住王位

齐楚答应赴援
韩王对秦开战

原本已经打算献出城池，然后与秦国议和的韩国，因为日前齐、楚等国已经明确表达了一定会立即出兵援助的立场，而让韩王（韩宣惠王）像吃了定心丸一般。在外援已经确定会来的情况下，韩王怎么舍得损失一座城，于是随即下令中止公仲朋提出的与秦议和的计划，准备和秦军力抗到底。此次不但田辟疆（齐宣王）爽快地答应出兵，连楚国也意外地主动派军来援助韩国。尤其是楚国，不是口头上说说，而是立即采取了实际的行动。据楚国使者告诉韩王的说法，现在整条北上的大道，全都是行进中的大批战车兵马，不久之后便可投入战场，助韩国一臂之力。虽然公仲朋力图翻案，不断向韩王警告这可能是楚国的诡计，但韩王心意已决，已向秦军下了战帖。秦王嬴驷（秦惠文王）在得知韩国终止和谈的计划后，十分生气，已下令大将樗里疾率军发动攻击。

韩国得到齐、楚来援的消息之后，决定对秦开战

年度热搜榜

公元前三一四年

周赧王元年 魏襄王五年 韩宣惠王十九年 赵武灵王十二年 齐宣王六年 楚怀王十五年 秦惠文王更元十一年 燕王哙七年

齐楚援军不见踪影
韩国被耍惨遭大败

在秦国大军猛攻，而齐、楚援军迟迟不到的状况下，韩军终于不支，在岸门大败，再次要求和解。不过这次和解的条件更为严苛，韩国除了国力大为减损外，还必须把太子韩仓送到秦国当人质，国相（高级官员）公孙衍也在秦国的压力下出逃。韩国这一次的惨败，主要归因于太过倚恃他国的援军。

韩国上了齐、楚的当，惨败在秦国手中

结果不但魏国因秦将樗里疾突击焦城及曲沃而自顾不暇，没有办法出兵相救，连说好来援的齐、楚部队都不见踪影。据了解，韩国先前接到的楚军已经上路的说法，根本是个骗局。原因是熊槐（楚怀王）在听说公仲朋联秦制楚的消息后，便依陈轸之计，向韩国释放假消息，让韩国以为有把握可以不用割地而打赢秦国，而放弃联秦制楚的策略。至于田辟疆（齐宣王）则是另有盘算，为了避免各国发现他入侵燕国的野心，便假意援韩，而在韩、秦之间挑起战事，并将各国卷入以转移各国注意力，然后遂行其计。而韩国就是在这样糊里糊涂的状况之下，着了别人的道而不自知，终被别人玩弄而遭到重大伤害。

齐军只用了五十几天便攻陷燕国首都

齐军发动进攻　旋风席卷燕国
子之被擒剁成肉酱

田辟疆（齐宣王）侵吞燕国的野心终于实现，在燕国内乱，而中原各国专注于秦、韩之战的时候，齐国征召境内五个陪都的正规军，加上北部的边防部队，任命匡章为将，向燕国发动攻击。齐军推进速度极快，沿途并没有受到太多的阻挡，只用了五十多天的时间，便攻破燕国首都蓟城，不但杀了燕王姬哙，还生擒子之并将其剁成肉酱。据闻，齐军不但对燕国王室及政府官员十分残忍，连对寻常百姓也是凶暴异常，已引起了广大民众的恐慌与极度反感。

有仇终须一报 秦军踏平义渠

秦军力压韩国之后，决心报复公元前三一八年秦出函谷关对抗中原联军时，义渠部落从背后偷袭之仇。虽然义渠国早在公元前三二七年就被秦国征服并设为一县，但是当地的部落势力仍在，时常起兵造反。这次秦国出动大军，横扫徒泾等二十五城，大大扩展了秦国在西北地区的影响力。

民众群起抗暴 齐军退出燕境

由于之前以武力占领燕国的齐军实在过于残暴，终于引起了燕国百姓的群起反抗，各地抗暴行动此起彼伏，使得齐军疲于应付，情势一发不可收拾。田辟疆（齐宣王）眼见局势即将失控，为免到时齐国主力军团被困在燕地，便下令部队搜刮财物，将燕国洗劫一空后撤军返国。另外，原本就想拥立公子姬职回国继位的赵雍（赵武灵王），先前苦于被齐国占去先机，直到现在终于被他等到最佳时机，于是便命大将乐池护送姬职回到燕国境内继位为王（燕昭王），成功地延伸了赵国的控制势力。

过于残暴的齐军遭到燕国百姓群起反抗而被迫撤军回国

第三章

秦国东进　逐鹿中原

（公元前三一三年~前二九四年）

本章大事件

公元前三一三年
- 屈原见黜
  续以文学抒发爱国理念
- 张仪使楚开出优渥条件
  献地六百里换楚齐绝交
- 世纪大骗局！
  张仪辩称地仅六里
  秦楚双方剑拔弩张

公元前三一二年
- 两大阵营部署完毕
  中原大战即将爆发
- 三路秦军大胜
  楚兵折损八万余人

公元前三一一年
- 鬼门关前走一遭
  张仪意外获释
- 墨家首领之子杀人
  老爹坚持杀人偿命
- 秦国新王继位
  张仪失势出逃

公元前三一○年
- 连横主义之父
  张仪病死魏国

公元前三○九年
- 秦设左右丞相
  甘茂樗里疾出任

公元前三○八年
- 水路奇兵
  秦军夺得黔中郡
- 秦王立下息壤之誓
  甘茂大军安心进击

公元前三○七年
- 胡服骑射大变动
  赵国改革难推行
- 叔父终于点头
  赵国改穿胡服

公元前三○六年
- 越国覆灭
  空留卧薪尝胆
- 废文任武不切实际
  苏秦游说未获采用
- 齐王欲为纵约长
  孟尝君一手操盘

- 秦楚联姻
  嬴稷迎娶楚女为后

- 田文遣使试探秦王
  齐魏韩合纵攻楚

公元前三〇五年

公元前三〇四年

- 秦王成年加冠
  正式亲理国政

- 赵国再拓北疆
  建置云九双郡

公元前三〇三年

公元前三〇二年

- 重大危机
  楚太子杀人逃亡

- 齐宣王卒
  田文邀楚四国攻秦

- 一口吃成个胖子
  赵国大口吞中山

- 赵王退位为主父
  仍掌握实权

- 两国峰会
  元首当场被绑架

- 孟尝君相秦
  赵国极力从中破坏

公元前三〇一年

公元前三〇〇年

- 樗里疾死
  魏冉续为右相

公元前二九九年

公元前二九八年

- 鸡鸣狗盗
  孟尝君惊险离秦

- 白马非马？
  公孙龙诡辩无人能及

- 秦赵宋 vs 齐魏韩
  两集团对立

- 合作玩假的？
  赵国忙于壮大自己
  无暇援秦

- 赵雍长子发动沙丘之变

- 失败中重新站起
  苏秦相燕封武安君

公元前二九七年

公元前二九六年

公元前二九五年

公元前二九四年

- 强秦吃瘪！
  联军攻破函谷关
  秦还土地求和解

- 赵吞中山
  狂欢五日

- 秦军出击
  魏韩联守伊阙

年度热搜榜

公元前三一三年

周赧王二年 魏襄王六年 韩宣惠王二十年 赵武灵王十三年 齐宣王七年 楚怀王十六年 秦惠文王更元十二年 燕王哙八年

秦联韩魏　与楚齐展开对抗

秦国在蔺击败了赵国的军队，并俘虏了赵将赵庄之后，秦王嬴驷（秦惠文王）随即与魏嗣（魏襄王）两人在临晋举行高峰会。会中魏嗣不但应嬴驷的建议，册立魏政为太子，充分展现了友好的诚意，还敲定了由秦、魏、韩三国组成同盟，与齐、楚两国展开对抗的发展方向。

屈原见黜　续以文学抒发爱国理念

在文坛颇负盛名的楚国大臣屈原，受楚王熊槐（楚怀王）之命起草法案，同朝为官的上官大夫想要先看法案的草稿，但屈原坚持不给他。于是上官大夫就在熊槐的面前诽谤屈原，说屈原在制定法令时老是居功自夸，丝毫没有把楚王放在眼里。熊槐听了之后非常生气，便开始疏远屈原，不再把重要的任务交给他。而屈原在受访时表示，虽然远离政治核心，但他还是会持续关心国事，并且以文学诗歌的方式，将其理想传达出来。

屈原

张仪使楚开出优渥条件
献地六百里换楚齐绝交

由于楚国派遣大军夺取了先前秦军所占领的曲沃，并准备向商於之地发动攻击，使得两国之间的情势十分紧张。秦相邦（高级官员）张仪为此特别亲自前往楚国，当面对熊槐（楚怀王）表示，如果楚国愿意和齐国断绝关系，转而与秦国友好的话，那秦国愿意将商於六百里之地及精选美女双手奉送给楚王，不用劳烦楚国动用一兵一卒。熊槐对于张仪提出的这个条件十分满意，便不顾大臣陈轸的反对，立刻派出使节去觐见田辟疆（齐宣王），传达正式与齐国断绝同盟关系的国书。同时也派一位官员，随同张仪返回秦国，准备办理土地交割事宜。

送你六百里地外加精选美女喔！

张仪提出诱人的条件让楚国与齐断交

世纪大骗局！
张仪辩称地仅六里 秦楚双方剑拔弩张

之前秦、楚之间达成的协议，于日前出现重大变化。张仪刚回国时，因为不慎从车上摔下，需要休养而无法与楚国特派官员会面，使得割地的手续迟迟无法办理。后来楚国官员不断催促，终于在三个月后得以晋见张仪。但张仪却矢口否认曾答应楚王要割让六百里土地，并坚称当初承诺的是割让六里的土地。由于之前张仪和熊槐（楚怀王）之间只是达成口头上的

> 不是说好六百里地和精选美女吗？怎么变成只有六里地和这个女人？我要告你欺诈！

> 哦……有这回事吗？拿契约出来瞧瞧啊……没有啊。

张仪坚持当初只答应给六里地，让感觉上当的楚王火冒三丈

协议，并没有立下任何证明文件，使得今日双方各说各话，毫无交集。而熊槐接到回报之后，十分愤怒，表示无法原谅张仪这种欺骗的行为。目前楚国已经下令大军向秦国推进，看来熊槐是想以强大的武力为后盾，向秦国讨回公道。据了解，张仪欺骗楚王最主要的目的有两个，其一是破坏齐、楚之间的同盟以削弱其力量；其二是想以此作为缓兵之计，让秦国做好全面反击的准备。而目前看来，秦军的部署也已经完成，不但双方的大战将无可避免，可能连中原诸国都将被卷入这场争斗之中。

鞭打草人 嬴驷施法诅咒楚王

据派驻秦国的记者传回的消息，秦王嬴驷（秦惠文王）对于秦、楚之间的首次大会战十分重视，不但军队已然调集完毕，还进行了战前的祝祷仪式。听说十分迷信鬼神的嬴驷，下令御用巫师前往宗庙所在的旧都雍城主持仪式，仪式中还特别鞭打贴有楚王熊槐（楚怀王）名字的草人，以作为诅咒并祈求秦军能大胜而归。

年度热搜榜

公元前三一二年

周赧王三年 魏襄王七年 韩宣惠王二十一年 赵武灵王十四年 齐宣王八年 楚怀王十七年 秦惠文王更元十三年 燕王哙九年

> 我中立哦。

秦、魏、韩与齐、宋、楚形成两大集团对立的局面，战事一触即发

两大阵营部署完毕　中原大战即将爆发

今年（前三一二年）年初，楚国的大军在屈丐的率领下，已经对商於展开激烈的攻击，而大将景翠的部队，也同时围攻韩国的雍氏（古地名）。齐国方面虽然已经和楚国断交，但基于整体情势的考量，也会同宋国的军队一起围攻魏国的煮枣（古地名），以对秦、魏、韩的联盟同步施压。秦国则是兵分三路加以反击。东路由樗里疾出函谷关对景翠的军团进行反包围。中路由张仪的心腹魏章领军，从蓝田进军，在商於迎击楚国的主力军团。西路军由甘茂统率，从南郑出发，牵制楚军汉中一带的兵力。

越以物资相助魏国　目前尚无出兵计划

地处东南边陲，已许久未介入中原事务的越国，竟然在这次的中原混战中也插了一脚，将三百艘战船及五百万支箭，经由水路运抵魏国，以支援魏国对齐楚的作战。不过越国的发言人也指出，此次只是单纯提供战略物资，作战部队不会投入战场。

三路秦军大胜 楚兵折损八万余人

秦军领衔的联军气势逼人，使得短时间内战场便出现一边倒的状况。先是魏章与楚军在丹阳的会战中，取得重大的胜利，不但斩杀敌军八万人，还俘虏了楚军主帅屈丐等七十多名将领。魏章取得首胜后，再西向与甘茂部队会师，又攻取汉中地区六百里的土地。另外，樗里疾在成功击败包围雍氏的景翠军之后，继续向东推进，在濮水一带协助魏军作战。此役中，齐军将领声子战死，大将匡章率领残部败走，功劳仍是记在樗里疾身上。

楚国集结大军反攻 战败还被韩魏偷袭

楚王熊槐（楚怀王）在得知战败的消息后，咽不下这口气，便下令征集全国可用的所有兵力，向秦军发动孤注一掷的总攻击。双方军队在蓝田决战，但是秦军仍然所向披靡，将楚国兵团当场打得溃不成军。韩、魏听闻楚军大败的消息之后，也立刻发兵南下捡便宜，乘虚向邓城发动攻击。熊槐这时才发现自己根本不是秦国的对手，只好召回残余的部队，与秦国缔结停战协议，而代价则是必须另外再割让两座城池。分析家认为，楚国这次被张仪这么一搞，不但弄得灰头土脸，还损兵折将大伤元气，可能无法再现泱泱大国的昔日荣光。

> 怎么会这样……我明明已经调动全国的兵力了。

楚军受挫后力图反击，动员全国兵力再次与秦对决，结果仍以大败收场，还被韩、魏给偷袭了。

年度热搜榜

公元前三一一年

周赧王四年 魏襄王八年 韩襄王元年 赵武灵王十五年 齐宣王九年 楚怀王十八年 秦惠文王更元十四年 燕昭王元年

秦欲与楚换地未果　熊槐坚持张仪入楚

嬴驷（秦惠文王）基于战略及连横的考量，派人向熊槐（楚怀王）表示，愿意将去年（前三一二年）夺得的武关以东的土地，归还给楚国，以交换楚国黔中地区的土地。但熊槐对于把他害惨的张仪恨之入骨，竟回复说不要武关也不要交换，只要秦国能交出张仪，黔中之地便双手奉上。原本嬴驷想要取消此项计划，但在张仪的坚持下，秦、楚双方已达成共识，张仪也已经准备动身前往楚国。评论家表示，张仪此行恐怕凶多吉少。据闻，熊槐打算等张仪一入境，便将其逮捕下狱然后处斩，丝毫不让张仪那三寸不烂之舌有发挥的机会。不过看来张仪应该也已经做好事先的安排，否则也不可能自告奋勇以身涉险。

蜀国相陈庄叛变　秦政府急觅对策

五年前才刚被秦国纳编的蜀国，又传出叛乱事件。秦国派驻的蜀国相（地方行政长官）陈庄与蜀侯（地方行政长官）发生争执，竟然杀死蜀侯而引起部落民众不满。目前事态仍在扩大，当地百姓对于精神领袖被杀一事无法容忍，与陈庄的武装部队发生严重冲突。据悉，秦国政府高层已针对此事商讨对策，希望能将伤害降到最低，以免好不容易收服的巴蜀之地再度成为祸患。

鬼门关前走一遭　张仪意外获释

自投罗网的张仪一踏入楚国边境，便不出各界所料马上被收押入狱，并等待处决。但不久后，他又神奇地获得释放，并和熊槐（楚怀王）达成秦、楚两国之间的合作协议，然后安然返回秦国。这中间的转折点究竟为何，记者在深入调查之后，发现张仪早在进入楚国之前，就已用重金买通了熊槐的宠臣靳尚。在张仪被打入大牢的同时，靳尚便马上依计划去找楚王最宠爱的妃子郑袖，告诉她："秦国对张仪十分倚重，一听说张仪被囚，便提出要用六座城池及一批秦国美女来换回张仪的请求。这城池也就算了，但秦国的美女可是出了名的厉害啊，不但会使出浑身解数迷惑楚王，更有强秦在背后撑腰，我看你如果再不采取一点什么动作，很快就会被晾在一旁了。"郑袖大吃一惊，便一把鼻涕一把眼泪地找了一大堆借口，要熊槐把张仪放了。熊槐一向宠爱郑袖，无论什么事都是言听计从，于是便把张仪给放了，也让张仪得以逃过一死并完成使命。

张仪请出楚王的宠妃郑袖施展媚功，安全地从鬼门关前脱身

墨家首领之子杀人 老爹坚持杀人偿命

居住在秦国的墨家巨子（领袖）腹䵍之子日前因为杀了人，依律应该判处死刑。但因墨家学说在秦、楚等地堪称显学，有极高的声望，所以嬴驷（秦惠文王）在听闻此事之后，特别找来腹䵍并告诉他："先生您年岁已高，又只有这么一个宝贝儿子，寡人已经下令承办官员免除您儿子的死刑了。"但是腹䵍却回答说："从前墨子所传下来的墨家之法，所主张的是杀人者死，伤人者刑，为的就是禁绝伤人害命之事，此为天下之大义。今天感谢您特别恩赐犬子不杀之恩，但是墨家之法是我身为巨子的腹䵍所不能不遵守的。"于是便辞谢了嬴驷的好意，仍旧坚持让他的儿子伏法。腹䵍此举虽然失去爱子，却为墨家赢来非凡的评价，也难怪当此乱世，墨家的学说在秦、楚能如此兴盛。

墨家首领腹䵍认为杀人就应偿命，坚持让自己的儿子伏法

秦国新王继位 张仪失势出逃

秦国于日前发布重大消息，秦王嬴驷（秦惠文王）因病辞世，由太子嬴荡（秦武王）继位为王。这对刚从楚国脱险而归的张仪来说，可是一个重大的打击。因为听说嬴荡在当太子时，就不喜欢张仪，而自视甚高的张仪又一向与樗里疾、甘茂等人不和，导致朝中臣僚纷纷靠向了强势的一边，开始在新任秦王面前数说张仪的不是。于是就在嬴荡下令解除了张仪相邦（高级官员）之位后，张仪一见苗头不对，便动身出逃，并通过以前所培养的人脉，在魏国暂时安身。而于伐楚之战中立了不小功劳的魏章，因为被视为是张仪一派的人，也引起了秦王的猜忌。

田文继位薛公　孟尝享誉天下

曾经担任魏相（高级官员）的田文，在父亲田婴死后，继承了薛的封地，并被授命为齐相，受封号为"孟尝君"。据相关人士透露，田文是田婴的小妾在五月五日所生，而齐国有一项奇特的风俗传说，就是在这一天所生的小孩长大后将不利于自己的父母。于是田婴就下令小妾把这孩子丢了，但田文的母亲实在于心不忍，就暗中把他养大，等到小孩长大之后才让他去见父亲。田婴很生气地责备小妾说："我当初不是叫你把小孩丢了吗？你还敢把他养这么大，今天最好给我说个清楚。"田文跪下磕头说："请问为何五月生的小孩不可以养大呢？"田婴没好气地说："哼，五月生的小孩等长到和门一样高的时候，就会不利于父母。"田文说："请问人的一生是受命于天，还是受命于门户的高度呢？"田婴愣了一下答不出来，田文便继续说："如果受命于天，那有什么好担忧的。如果受命于门户的高度，那只要把门户加高，让人没有办法长到那么高不就好了。"见到这个儿子如此聪明机敏，田婴开始对这个小孩另眼相看。至于后来田婴把接待宾客这么重要的事务都交给田文来处理，也是有原因的。据闻，有一次田文问父亲："儿子的儿子叫什么？"田婴说："孙子啊。""那孙子的孙子呢？""玄孙啊。""那玄孙的孙子呢？""呃……"田文接着说："父亲您在齐国两朝为相，齐国领土不见增大，而您私家的财富却累积万金。夫人们穿的是绫罗绸缎，下属们却连一件像样的短衣也没有；仆妾们每餐吃剩的肉一大堆，而下属们却吃的尽是糟糠粗食，难怪我们门下连一个有能力的贤人也没有。您没有想到要如何聘请有才能的人来协助处理今日的公务，却想把大笔的财富留给不知道怎么称呼的后代子孙。您说，这不是很奇怪的一件事吗？"之后，受到启发的田婴就让田文主持宾客接待这项工作。时至今日，田文身边的门客数以千计，孟尝君的名声已然远播各国。

田文表现出过人的智慧，提出超难的问题，让老爸惊艳不已

年度热搜榜

公元前三一〇年

周赧王五年　魏襄王九年　韩襄王二年　赵武灵王十六年　齐宣王十年　楚怀王十九年　秦武王元年　燕昭王二年

甘茂南进平乱　蜀相陈庄伏法

秦王嬴荡（秦武王）命令甘茂率领部队前往蜀国镇压叛乱。由于先前伐蜀时已开通道路，所以秦军很快便压制了当地的动乱，并以叛乱为名斩杀了派驻的蜀国相（地方行政长官）陈庄，进一步安抚了民怨，使当地部落民众的作息都恢复正常。

连横主义之父　张仪病死魏国

十多年来纵横各国，堪称一怒而天下震动的张仪，在去年（前三一一年）被嬴荡（秦武王）罢去相位出奔魏国之后，虽有传闻说他再度官拜魏相，但已经被证实只是谣传。一心期待东山再起的张仪，最终未得老天眷顾，于今年（前三一〇年）因病在魏国去世。

赵雍新宠孟姚产子

赵雍（赵武灵王）最宠爱的王后吴娃于今年（前三一〇年）产下幼子赵何，据说赵雍已打算废去长子赵章，改立幼子赵何为太子，成为王位的继承人。传闻中，今年年初赵雍曾梦见一位少女，醒来

大王，我本来想学您娶梦中的少女为妻，谁知道……呜……呜……

啊，你这是做噩梦吗？

据闻赵王娶了与梦中少女神似的吴孟姚为后

之后久久不能忘怀，便在酒宴时告诉群臣这件事。大臣吴广觉得赵雍所描述的少女和自己的女儿吴孟姚很像，便把她进献给赵雍。赵雍看到吴孟姚之后惊为天人，便称她为吴娃，对她极度宠爱，不久便让她做了王后。现在她的小孩才刚出世，就即将成为太子，可见赵雍对其溺爱的程度有增无减。

年度热搜榜

公元前三〇九年

周赧王六年 魏襄王十年 韩襄王三年 赵武灵王十七年 齐宣王十一年 楚怀王二十年 秦武王二年 燕昭王三年

秦设左右丞相 甘茂樗里疾出任

秦国政府宣布今年（前三〇九年）起，设立丞相（高级官员）的职位，分别以平蜀有功的甘茂，以及屡立战功的樗里疾为左、右丞相，共同掌理国家大事。

> 来，左丞相站左边，右丞相站右边，笑一个，要照了……
>
> 我们的左边，就是他的右边，所以……
>
> 不对吗？
>
> 两个白痴！

秦王任命甘茂、樗里疾出任左、右丞相

赵建高台远眺齐境

赵都邯郸大城西南的宫城完工后，赵国王室便搬迁至新的宫室，而原来大城东北的旧宫室则改建为王室的园囿。今年（前三〇九年），赵雍（赵武灵王）下令在此园中新建的高台完工，据说登上高台可以远眺齐国与中山的边境，但目前为止并没有对外开放的计划。

天候异常 魏酸枣出现惊人大风雨

今年（前三〇九年）十月，魏国出现异常天气，不但刮起罕见的超强疾风，连降水量也大得惊人，导致河水满溢。其中尤以酸枣（古地名）灾情最为严重，听说水位还一度高过城墙，目前魏国政府仍未提出有效的救助计划，看来受灾户只能自力救济了。

> 大雨造成的灾情十分严重，大水已经淹到了记者的胸口……咦？
>
> 小伙子，你干吗蹲在那边？

酸枣地区出现惊人的大风雨，部分地区灾情严重

年度热搜榜

公元前三〇八年

周赧王七年 魏襄王十一年 韩襄王四年 赵武灵王十八年 齐宣王十二年 楚怀王二十一年 秦武王三年 燕昭王四年

秦为安定后方 再封蜀侯

秦国在前年（前三一〇年）平定蜀地之乱后，于今年（前三〇八年）再封原部落酋长的儿子为蜀侯。秦政府此举不但可以安抚当地部落的情绪，同时也在为伐楚做准备。听说秦国已经调动大批部队，准备从巴蜀之地由水路攻击楚国。如果这项传闻属实，就不难理解为什么秦国要这么煞费苦心，来求得巴蜀之地的安定了。

小国内斗 东西周争

同为周王朝宗室的东周封国与西周封国，近日来因为争抢灌溉水源的问题发生争执，目前双方仍就水权问题进行协商，但情形已剑拔弩张。传闻西周想找韩、楚助战，目前东周方面尚在研拟对策。

地下钱庄合法化？
田文涉嫌经营高利贷

有民众爆料，齐相（高级官员）孟尝君田文虽然礼贤下士，门下食客号称三千人，但其资金来源却有可能是放高利贷。其实，不只田文如此，贵族地主好像已经理所当然地把放高利贷当作累积财富最有效率的方式。这些金主常在农民缴不出税款时把钱借出，然后等作物收获后再收取高额的利息，而借贷的百姓就常因此陷入可怕的恶性循环。虽然依目前的规定放高利贷并未违法，但有关单位还是应该对其是否涉及暴力讨债做进一步追查。

> 加上利息，总共是三百万钱，还钱来。

> 呜！我明明只借了一万钱而已。

农民常被高官地主的高利贷压得喘不过气来

秦国欲取宜阳 甘茂停兵未进

秦国左丞相（高级官员）甘茂向嬴荡（秦武王）建议，联合魏国夺取韩国的宜阳，以作为进军中原的重要战略基地。而右丞相樗里疾与大臣公孙奭等因为母亲是韩国人，属于亲韩一派，所以极力反对这项进军韩国的计划。嬴荡考虑再三后，决定支持甘茂的想法，便命甘茂率领大军，会同向寿一起进攻韩国。但截至目前，甘茂的部队仍在宜阳外围观望，并未采取实际的攻击行动。至于现场情况为何，还有待记者到达前线之后才能进一步确认。

水路奇兵　秦军夺得黔中郡

由司马错率领的秦军水师军团，突然由水路现身，对黔中地区发动攻击，并再度从楚国的手中夺回商於一带的土地。据了解，司马错这支为数十万的水军，是由巴地出发，乘着大型战船，带着六百万斛的军粮，沿着涪陵水顺流而下。由于楚国先前根本未曾想到秦军会从这个方向发动攻击，所以沿途的防备十分松懈，因此司马错轻而易举地拿下此地，并置为秦国的黔中郡。

秦王立下息壤之誓　甘茂大军安心进击

秦王嬴荡（秦武王）在收到向寿"魏已同意联手，但仍无法进攻宜阳"的报告后，十分疑惑，便紧急将甘茂从宜阳前线召回询问。但等不及甘茂回到都城咸阳，嬴荡自己便到中途的息壤与他会面。甘茂当着秦王的面说："想要打下宜阳并不是一天两天可以办到的事，时间拖得久了，之前反对此项计划的樗里疾和公孙奭必定会在您面前对我有所非议。从前有一个和曾子同名的人杀了人，有人告诉曾子的母亲这件事，他母亲一开始完全不相信，还安心地织布。但是到了第三个人来说的时候，他母亲也不得不信了。我的贤能比不上曾子，您对我的信任比不上曾子的母亲，来非议我的却一定比三人还多。我只担心到时宜阳还未攻下，您便要我撤军而治我通敌之罪了。"嬴荡当场握住甘茂的手说："我在此立誓，不管别人怎么说，我一定挺你到底。"于是甘茂返回前线，开始对宜阳发动攻击。

> 曾妈妈，你们家儿子杀人了……

> 你再乱说，当心我先杀了你……

甘茂用"曾子杀人"的故事做比喻，与秦王立下息壤之约

年度热搜榜

公元前三〇七年

周赧王八年 魏襄王十二年 韩襄王五年 赵武灵王十九年 齐宣王十三年 楚怀王二十二年 秦武王四年 燕昭王五年

胡服骑射大变动
赵国改革难推行

在公元前三一八年因五国联军攻秦失败自觉惭愧，而取消王号并谋求强国之法的赵雍（赵武灵王），终于想出可以让赵国彻底改变的办法。赵雍表示，"胡服骑射"就是救国之法。所谓胡服骑射，就是改穿胡人便捷的窄袖衣服以方便战斗，然后舍弃传统以战车为主的作战法，仿效胡人骑马射箭的机动攻击方式。这项改革如果可以推行的话，赵国将有能力征服中山国，成为一等强国。但是要让全国人都放弃中原宽袍大袖的传统服饰，去学着北方少数民族穿上短衣窄袖的服装是何等困难的事。目前计划刚提出，便受到贵族们强烈的反抗，就算身为国君的赵雍已经以身作则，在上朝时着胡服接见百官，但仍有许多人宁死不从。其中尤以赵雍的叔父赵成反对最为激烈，至今一直都称病拒绝出席所有的政府高层会议。看来赵雍如果没有办法搞定他那顽固的叔父，别说是让军队改成操练胡人的骑射之术，就连取得贵族们的认同而愿意穿上胡服都是一个难以跨越的障碍。

幸有息壤之约　甘茂得助攻破宜阳

在秦军对宜阳猛攻五个月但仍未能攻克之后，所有事情果然如同甘茂先前所料想的一样，樗里疾与公孙显等人开始以各种理由劝秦王退兵，嬴荡（秦武王）也因众人大嚼耳根，开始感到不安而下令甘茂撤军。不过甘茂并未立即撤军，只是命人回报了一句："息壤还在那里吧？"嬴荡听到后，想起之前自己曾在息壤立下的誓言，便派人回复甘茂说"还在"，然后立即增调大批的部队赶往前线支援。甘茂得到这批军力后，发动总攻击，当众宣誓若无法战胜就以宜阳的城墙为坟墓，并拿出自己私人的金银来作为杀敌的奖赏。于是秦军士气大振，在斩杀六万名敌军后，终于顺利攻占宜阳。韩国也随即派出使者，表示愿意开出条件，缔结双方的停战协定。

神勇过人的秦王竟因与力士比赛举鼎而暴毙，消息传出令各界惊骇不已

最强力士争霸战　秦王举鼎爆血死

秦国左丞相（高级官员）甘茂在夺下宜阳之后，立即挥军向北渡过黄河，占领武遂一带，控制了韩国南北交通的要道。如此一来，秦国与周王室的所在地洛阳之间再也没有阻碍，使得嬴荡（秦武王）"通三川、窥周室"的理想终于得以实现。于是他先派遣樗里疾率领着一百辆的车队浩浩荡荡地访问东周，然后自己又接着在八月时前往洛阳，企图将象征天子权力的"九鼎"据为己有。由于嬴荡本人生来孔武有力，又喜欢和人玩摔跤的游戏，当时有名的大力士任鄙、乌获、孟贲等人也都因为力大无穷而官居高位。所以这次嬴荡进入周王国，也带了孟贲一同前往。或许是年少轻狂，也或许是意气风发，嬴荡居然想和孟贲比赛看谁可以把周王国的"龙纹赤鼎"给举起来。但就在嬴荡使出他那过人神力将鼎给高高举起时，却因为承受不了宝鼎的重量，双脚立时粉碎性骨折，两眼爆血，而被宝鼎压得血肉模糊，当场气绝身亡。不幸的消息传出后，秦国朝野震惊不已，但由于嬴荡没有子嗣，王室也全然没有接班的规划，目前已有不同的势力准备争夺王位，看来内乱将无可避免。至于和秦王比赛举鼎的孟贲，则被处以灭族之罪以谢国人。

叔父终于点头　赵国改穿胡服

由于以赵雍（赵武灵王）叔父赵成为首的贵族，对于改换胡服的政策采取消极抵制的态度，使得赵雍无法继续进行下一步的改革计划。为此，赵雍亲自去拜访叔父，并对他说："在家应该要听从尊长的话，可是在国却必须服从领袖的指令。今天我已改穿胡服，而您却迟迟不肯更换，恐怕天下人会对您有所指责。"赵成说："赵国为天下的中心，讲求的是诗书礼乐的圣人之道，今天您身为国君却抛弃传统，反而学那些边远之人，穿起他们的衣服。这样的做法，恐怕已经引起百姓的反感了，还请您三思。"赵雍态度坚定地说："我们赵国四周强邻环伺，个个虎视眈眈。尤其是中山国，仗恃着齐国的力量，屡次犯境掳民，还曾差点夺去我们的领土，这一直是先祖们心中的奇耻大辱。我之所以要改穿胡服，更新战备，为的是让国家变强，以应四境之变。没想到您却一再坚持维护固有传统，而忘记耻辱，徒让先祖饮恨，真是太令我意外了。"于是赵成终于接受，并于第二天穿上胡服上朝。在得到贵族们的支持后，赵雍立刻发布正式命令，通令全国改穿胡服，各军舍弃传统车战，改习骑马射箭。

赵王排除了国内的反对声浪，开始推动"胡服骑射"的改革措施

【专题报道】孙膑军法：骑战十利

赵雍（赵武灵王）所要推行的"胡服骑射"计划，除了改穿窄袖胡服以便于作战外，最重要的是要舍弃不甚灵活的传统兵车战法，而学习胡人机动性强的骑兵作战法。

以下则是依兵法大家孙膑所述，关于使用骑兵的十大优势：

（一）迎敌始至。
（二）乘敌虚背。
（三）追散乱击。
（四）迎敌击后，使敌奔走。
（五）遮其粮食，绝其军道。
（六）败其津关，发其桥梁。
（七）掩其不备，卒击其未整旅。
（八）攻其懈怠，出其不意。
（九）烧其积聚，虚其市里。
（十）掠其田野，系累其子弟。

秦国争位之乱 两派人马互斗

由于之前秦王嬴荡（秦武王）在周国时发生举鼎意外暴毙的事件，而本身又没有子嗣，使得秦国国内有实力的各派全都跳了出来争夺这个悬缺的王位，引发了嬴荡诸位弟弟之间为争王互斗的内乱事件。在诸多竞争者之中，较具实力的有两派，其中一派以嬴荡的母亲惠文后，以及当朝王后及朝廷大臣的势力为主，拥立公子嬴壮即位，并号称"季君"。另一派则是以先王嬴驷（秦惠文王）的另一个王妃芈八子（宣太后），与她的同母异父弟弟魏冉为首脑人物，所拥立的则是芈八子的儿子，也就是原本在燕国当人质的嬴稷（秦昭王）。政治分析家表示，虽然两派人马各有坚持，但由于嬴稷的舅父魏冉手中握有实质军权，所以目前来说是芈八子一方占了上风，并暂时掌控了政府。只是季君嬴壮的阵营也没有放弃的打算，已经动员了所有武装力量准备抗争到底。

秦王死前未指定继承人，引发两派人马激烈争夺王位

年度热搜榜

公元前三〇六年

周赧王九年　魏襄王十三年　韩襄王六年　赵武灵王二十年　齐宣王十四年　楚怀王二十三年　秦昭王元年　燕昭王六年

武遂还韩　秦军攻魏

秦国在去年（前三〇七年）从韩国手中夺取宜阳、武遂之后，嬴稷（秦昭王）政权为了能顺利地进攻魏国，便依甘茂的建议，将武遂还给韩国，以作为安抚之用。但一开始时，由于向寿及公孙奭等人与甘茂为了这项提议争吵得很凶而产生了嫌隙，所以当甘茂与樗里疾受命领兵征魏时，向寿等人便开始在嬴稷耳边进谗言。目前虽然嬴稷的立场并没有动摇，但甘茂方面似乎已经得知有人在扯他后腿，这极可能为这次伐魏之举带来变数。

越国覆灭 空留卧薪尝胆

熊槐（楚怀王）趁着今年（前三〇六年）越国内乱，秦国亦爆发争位之乱的机会，派出大军，一举攻灭越国。其实，楚国早已企图覆灭越国，五年前便已派出大臣昭滑到越国活动，制造政局的不安，终使越国爆发了内乱，让楚国乘虚而入。勾践一百多年前复兴的国家，至此被楚国划为江东郡，仅留下卧薪尝胆的事迹供后人缅怀。

初试身手　赵国北进扩展版图

去年（前三〇七年）开始推行胡服骑射的赵雍（赵武灵王）决定小试身手，作为对革新方案成果的初步验收。赵雍于今年（前三〇六年）亲率兵马向北挥军，积极开拓疆土，北至宁夏，西达榆中，深入蛮族领地。林胡部落酋长亲自献马表示归服，同时赵军也收编胡人的兵力。从目前的情势来看，赵国的发展大有可为，说不定有可能变成可以和秦国相抗衡的中原大国。

大将弃军逃亡
甘茂畏谗投奔齐国

秦国的伐魏大军在前进到蒲阪时，发生重大变化，领军大将之一的甘茂竟然弃军逃亡。据了解，甘茂对于向寿等人一直在秦王面前说他坏话一事十分担心，生怕会被诬以谋反而被召回定罪，于是便决定逃亡到齐国去。同负攻魏任务的大将樗里疾发现之后，认为单凭自己的力量无法独进，只好和魏国讲和然后撤退，攻魏计划就此终止。

> 完了，他们一定会在背后说我坏话。

甘茂担心有人会在秦王面前诬陷他而逃亡

废文任武不切实际　苏秦游说未获采用

据秦国情报部门传出的消息，日前有一位名叫苏秦的他国宾客，请求入宫游说嬴稷（秦昭王）。他当面向秦王建议说秦国应该废文任武，并立即采取行动，以武力来兼并天下。但嬴稷认为自己年少而且尚未亲政，国内又有季君（公子嬴壮）争位之乱尚未解决，国力也还没有达到可以发动大规模战争的阶段，所以对于苏秦的建议便没有采用，也没有授予他任何官职或奖赏，便让他出去了。但后来发现，苏秦在进入秦国之前，居然曾经和已叛逃齐国的甘茂碰过面。究竟两人在会面时谈了些什么，又是否存在什么阴谋，还有待情报部门进一步的调查。

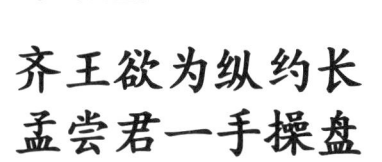

苏秦到咸阳向秦王游说称霸天下的方法，但并未获得采用

齐王欲为纵约长
孟尝君一手操盘

在齐相（高级官员）田文的策动下，齐国以田辟疆（齐宣王）的名义发出了一封信函给熊槐（楚怀王），要求与楚国共同组织新的六国合纵伐秦计划。信中提到，如果可以让田辟疆做这次的纵约长，将可以击倒秦国，到时武关、巴蜀之地便尽为楚国所有。据闻，熊槐对此计划颇为心动，已打算舍弃和秦国的友好关系，而与齐、韩等国结盟。

盗匪庄蹻横行楚境
地方官员无力缉捕

楚国境内最近经常传出盗匪横行的消息，据说盗贼的首领名为庄蹻，行动飘忽，令官军无法捉摸，始终无法加以缉捕。由于入伙人数越来越多，若治安部门再想不出克制的办法，如此发展下去，恐怕将会形成重大的治安问题。

年度热搜榜

公元前三〇五年

周赧王十年 魏襄王十四年 韩襄王七年 赵武灵王二十一年 齐宣王十五年 楚怀王二十四年 秦昭王二年 燕昭王七年

扫平季君内乱
穰侯魏冉专权

秦国为时三年的争位内乱，终于以嬴稷（秦昭王）阵营的全面胜利告终。手握兵权的嬴稷舅父魏冉，在今年（前三〇五年）以重兵扫平季君党人，被拥立的公子嬴壮、嬴荡（秦武王）的生母惠文后，以及许多贵族与同党都被处死。连嬴稷的一些兄弟，只要有潜在威胁的，也都一并被扫清，嬴荡的王后（武王后）则是被遣送回娘家魏国。由于嬴稷的年纪还不能亲政，所以中央政府由母亲芈八子（宣太后）主持。

> 来杯啤酒庆祝我加冠成年吧！
> 不行！给他可乐就好。
> 秦王虽然已经加冠亲政，但实权仍掌控在魏冉手上

政权到手后，芈八子下令封自己同母异父的弟弟魏冉为穰侯、胞弟芈戎为华阳君，嬴稷的胞弟公子嬴市为泾阳君、公子嬴悝为高陵君，并把实务大权都交给最信任的魏冉。

赵军北进　中山割城

赵雍（赵武灵王）在前年（前三〇七年）验收了胡服骑射的初步成果后，今年（前三〇五年）决定再度亲率左中右三军，在曲阳会合牛翦的车骑部队，与新收编的胡人军团，大举攻伐中山。强大的赵国新式军团势如破竹地攻陷了丹丘、华阳，占领了石邑、封龙、鄗城等地。中山国一阵恐慌，立刻以割让四座城池为条件，与赵国达成停战协议。

秦楚联姻
嬴稷迎娶楚女为后

芈八子（宣太后）掌权后，为了积极发展与娘家楚国的关系，便让嬴稷（秦昭王）迎娶楚国公主为王后，和熊槐（楚怀王）成为亲家。同时也接受熊槐的推荐，任用芈八子的外族向寿为左丞相（高级官员），递补甘茂奔齐后的遗缺。

年度热搜榜

公元前三〇四年

周赧王十一年 魏襄王十五年 韩襄王八年 赵武灵王二十二年 齐宣王十六年 楚怀王二十五年 秦昭王三年 燕昭王八年

秦王成年加冠　正式亲理国政

秦王嬴稷（秦昭王）今年（前三〇四年）举行加冠礼之后，正式亲政处理国事，并在黄棘与熊槐（楚怀王）举行高峰会谈，把上庸归还楚国，双方缔结盟约。不过政治分析家都一致认为，嬴稷虽然已经亲政，但实权仍然掌握在魏冉手上，能发挥王权的空间似乎并不大。

赵国再拓北疆 建置云九双郡

赵雍（赵武灵王）完成一系列改革之后，今年（前三〇四年）在开疆辟土的事业上又有重大斩获，攻取了榆中以北的地区，不但设置了九原与云中二郡，还把一部分的官吏、百姓与奴隶迁居于此，以充实边防。

> 我很早以前就想换上这套衣服啦……

赵国自从实施"胡服骑射"的改革后，军事实力大为提升

年度热搜榜

公元前三〇三年

周赧王十二年　魏襄王十六年　韩襄王九年　赵武灵王二十三年　齐宣王十七年　楚怀王二十六年　秦昭王四年　燕昭王九年

秦攻韩魏　夺得战略要地

秦国今年（前三〇三年）积极占领战略要地，先从魏国手中夺下蒲阪、晋阳和封陵三个重要的黄河渡口，然后再度从韩国手中拿回贯通韩境南北要道的武遂。韩、魏两国因情势所迫，只好投向齐国，寻求齐相（高级官员）田文的援助。

田文遣使试探秦王
齐魏韩合纵攻楚

齐相（高级官员）田文为了评估与韩、魏合纵抗秦的可能性，特别派遣公孙弘前往秦国，以试探新任的秦王嬴稷（秦昭王）是怎样的角色。不过依公孙弘所回复的报告分析来看，熊槐（楚怀王）可能要比嬴稷还好对付。加上楚国原本早已和齐、韩等国相约合纵，现在又因芈八子（宣太后）的关系和秦结盟，所以正好可以此为借口，与魏、韩联手攻楚。

依照我的观察，秦王似乎比较精明一些，还是楚王比较好对付。

楚太子为质
秦出兵逼退三国联军

熊槐（楚怀王）在听闻齐相（高级官员）田文发动齐、魏、韩三国联军攻伐楚国的消息后，急忙命令太子熊横前往秦国当人质，请求秦国派兵援助。秦国也随即派兵赴援，三国联军见到秦兵来到，只好撤退，双方皆未有任何损伤。

这……这次就算了，我们走吧……

楚国找来秦国助阵，齐魏韩三国联军只好见势收兵

年度热搜榜

公元前三〇二年

周赧王十三年 魏襄王十七年 韩襄王十年 赵武灵王二十四年 齐宣王十八年 楚怀王二十七年 秦昭王五年 燕昭王十年

摇摆不定
魏韩又与秦结盟

各国情势变化多端，魏、韩两国再度投向秦国怀抱。魏王魏嗣（魏襄王）与韩太子韩婴，在临晋与秦王嬴稷（秦昭王）举行领袖高峰论坛。会中达成共识，秦国将蒲阪归还魏国，三国互为友好盟邦。分析家表示，韩、魏两国立场的摇摆将会极大地有利于秦国统一六国的道路。

韩、魏两国的立场摇摆不定，又与秦国结为盟邦。

重大危机 楚太子杀人逃亡

原本在秦国当人质的楚太子熊横，因为某些私人的原因和秦国的一位大臣发生严重争执，最后双方一言不合，大打出手，熊横竟然失手将对方杀死。案发后，熊横已经畏罪变装逃回楚国，目前秦国调查单位已组成调查小组，对整起案件做深入的调查。但由于嫌疑人身份敏感，调查小组以侦查不公开为由，不愿透露任何相关的案情细节。所以直至目前，不论是死者身份，还是犯案动机等，所有媒体都一无所知。不过，此一事件势必对秦、楚两国之间的关系造成重大的影响。

在秦国当人质的楚太子熊横竟因杀人潜逃回国

年度热搜榜

公元前三〇一年

周赧王十四年 魏襄王十八年 韩襄王十一年 赵武灵王二十五年 齐宣王十九年 楚怀王二十八年 秦昭王六年 燕昭王十一年

> 来下棋吧……
>
> 我、老魏、小韩和你刚好四个凑一桌,一起来打牌吧!
>
> 你走开啦!现在没空陪你!
>
> 好啊!

受齐相田文邀请,楚王背弃与秦国的盟约,加入齐魏韩攻打秦国的计划

齐宣王卒　田文邀楚四国攻秦

田辟疆(齐宣王)于今年(前三〇一年)去世,由其子田地(齐湣王)继位为齐王后,孟尝君田文所推行的合纵策略似乎有所改变。据了解,田文已经派出使者前往楚国,游说熊槐(楚怀王)与齐、魏、韩三国一同攻秦。并告诉他这样做不但可以得到秦国的蓝田,还可以收复之前失去的旧地。熊槐果然禁不起这样的诱惑,又想到太子熊横在秦国闯了祸,迟早秦国会和他翻脸,于是便答应此一计划。随后田文便召开记者会,正式对外宣布这个消息,并积极调动军队,准备于短时间内出兵。秦国方面也立即对这件事进行严厉谴责,并表示楚国不但纵容太子杀人,又背弃两国之间的盟约,秦国一定会采取报复行动,让楚国为这样的行为付出惨痛代价。

司马错领兵复入蜀　蜀侯被迫自尽身亡

秦国于日前再次派司马错领兵入蜀,以谋反罪名强迫蜀侯煇自尽,同时处死涉案的蜀国官员二十七人。但秦国政府并未对外说明整起事件的始末,只强调仍会让当地部落酋长继续担任蜀国的精神领袖,预计明年(前三〇〇年)会让煇的儿子绾继任,行政事务则由政府派任的官员协助处理。对于外界谣传煇是因为在进贡的食物中下毒,想要毒害秦王未果而遭逮捕处死的传言,则已经被相关单位证明是毫无根据的说法。

真实？谎言？ 楚王被耍求救无门

之前由齐国发布说齐、楚两国将联合攻秦的消息，原来只是齐相（高级官员）田文所施放的烟幕弹。原来齐国合纵攻楚的计划及立场并未改变，但鉴于前年（前三○三年）三国伐楚时受到秦军阻碍的教训，田文便想先从离间秦、楚之间的关系下手。在成功地破坏了秦、楚的关系后，齐将匡章与魏将公孙喜（犀武）、韩将暴鸢的部队便立刻共同出击，只不过对象并非秦国，而是被摆了一道的楚国。熊槐（楚怀王）得知三国联军向方城攻来的时候，吓了一大跳，赶紧再向秦国请求援助。但是秦国因为之前已经听说楚国将和齐、魏、韩三国攻秦，害怕这是一个圈套，便不敢出兵援助。于是楚国只好以沘水为天然屏障，孤军与三国联军奋战，目前双方军队于两岸对峙。

> 哎呀！敌人在前面，你们干吗射我屁股！好痛……

齐、魏、韩三国联军真正所要攻打的对象，其实是被蒙在鼓里的楚国

一口吃成个胖子
赵国大口吞中山

赵雍（赵武灵王）近年来利用齐、秦两强相争，忙着分别拉拢魏、韩的时机，采取与秦、楚联合而牵制齐、韩的策略，从容不迫地对付中山国。终于在今年（前三○一年），赵国大军北进，一举攻进中山本土，逼得中山国君逃亡齐国。赵国这一次的行动，不但让遭受重击的中山只能苟延残喘，也大大地扩展了自己的领土及军事实力。

樵夫相助　联军渡河败楚

齐、魏、韩三国的联军在与楚国隔沘水对峙六个月之后，齐将匡章终于在日前发动夜袭，率兵渡过沘水，在垂沙大败楚军。而楚军方面此役则是损失惨重，不但大将唐昧被齐军所斩，还被韩、魏两国占领了一大片领土。据战地记者回报，三国联军原本因为无法确认沘水的深浅，所以迟迟不敢渡河，只能隔水与楚军对峙。后来从当地樵夫的口中得知，楚军加强防守的地方就是水浅之处，而防守松散的地方就是水深之处。于是匡章才能趁着夜色，从楚军严密防守的水浅处渡河，取得重大的胜利。

太子杀人 万魂偿命 秦国大军攻楚

秦国为了报复楚国背盟，以及楚太子熊横杀人逃亡的事件，命令嬴朁率领大军伐楚，向新城发动攻击，斩杀楚军两万人。看来楚国为了太子杀的一个人，所付出的代价实在是不成比例。不知道熊横以后会不会因为这些枉死的士兵而感到羞愧。

> 哇……这不关我的事啊，别来找我……

秦国以楚太子杀人逃亡为由发动攻击，斩杀了两万名楚国士兵

庄蹻进行劫掠　楚国陷入危机

今年（前三○一年）对楚国来说是多灾多难的一年，不但对外战争连连吃败仗，连已在楚国境内横行多时的盗匪庄蹻，都利用这个机会，在首都郢城发动武装暴动，大肆劫掠，使得楚国面临四分五裂、残破不堪的局面。面对庄蹻匪党的流窜，楚国政府一直苦无对策，甚至已经有人建议，应该将如此善战的庄蹻招安入政府军，赦免所有刑责，让他的部队就地合法化。如此，一来可让庄蹻为国效力，对付外敌；二来也解决了盗匪危害国内的情况。不过政府高层至今尚未就此事达成共识。

> 怎么办？我们的士兵打不过强盗，都快被民众骂死了……

> 强盗这么厉害！那让他们来当兵，我的民众支持度一定可以提高……

楚国政府对庄蹻盗匪集团束手无策，已经打算将其招安为政府军，就地合法化

年度热搜榜

公元前三〇〇年

周赧王十五年　魏襄王十九年　韩襄王十二年　赵武灵王二十六年　齐湣王元年　楚怀王二十九年　秦昭王七年　燕昭王十二年

秦军再次进攻　楚太子改质于齐

秦国继去年（前三〇一年）进攻新城，斩敌两万人之后，今年（前三〇〇年）又由太后芈八子（宣太后）之弟，也就是嬴稷（秦昭王）的舅父华阳君芈戎领军，大举进攻楚国，在斩杀楚军统帅景缺及敌军两万人之后，攻占襄城。熊槐（楚怀王）为免齐军同时夹击，立刻派太子熊横到齐国为人质，与齐相（高级官员）孟尝君田文交涉，希望齐、楚之间可以达成和解。

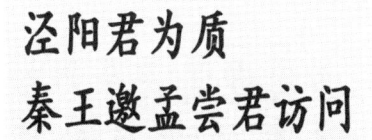

> 乖儿子啊！父亲节快到了，为了体现你的孝心，你就再到齐国去当人质吧。

> 呜……我才刚从秦国逃回来……

楚王让太子到齐国当人质，期望能修复齐、楚之间的关系

泾阳君为质　秦王邀孟尝君访问

嬴稷（秦昭王）在得知楚国向齐靠拢后，为了争取齐国，特别让他的弟弟泾阳君嬴市前往齐国求见齐相（高级官员）田文，并表示因久闻孟尝君的贤能，愿意以泾阳君为人质，邀请田文到秦国访问。更有传闻，嬴稷私底下开出了可以让田文担任秦相的条件。不过田文方面已经表示，未曾听闻此事，也不便发表任何评论。

樗里疾死　魏冉续为右相

曾为秦国立下许多战功，素有智囊之称的右丞相（高级官员）樗里疾去世，遗缺由太后芈八子（宣太后）的同母异父弟弟穰侯魏冉接任。坊间传闻右丞相一缺由赵国人楼缓接任之事，秦国政府发言人已澄清为误传，一切以中央政府发布的人事命令为准。

韩太子死　诸公子争立

韩太子韩婴因病死亡之后，公子韩咎与公子韩几瑟为了夺太子之位而相争不已。原本就支持韩咎一派的韩相（高级官员）公叔，倚仗着齐、魏强硬的后台，借着三国伐楚的机会，让齐军进驻到郑（古地名），迫使韩几瑟出逃，韩咎也顺利地被立为太子，成为法定的王位继承人。

年度热搜榜

公元前二九九年

周赧王十六年　魏襄王二十年　韩襄王十三年　赵武灵王二十七年　齐湣王二年　楚怀王三十年　秦昭王八年　燕昭王十三年

赵王退位为主父 仍掌握实权

赵国中央政府稍早前发布重要消息，表示国君赵雍（赵武灵王）将在五月，举行盛大的典礼，把国君之位传给他最疼爱的十岁小儿子赵何（赵惠文王），并由肥义辅政。赵雍自己则退位，称为主父（国君之父），专心处理军务，开拓领土，带领赵国成为可以攻下秦都咸阳的超级军事强国。分析家指出，赵武灵王虽然将国君之位让出，但仍然掌握着赵国的军队，依然是赵国的有力掌权者。

> 儿子，从今天起你就是赵王了，不过还是要乖乖听老爸的话，不然不给你零用钱，知道吗？

> 嗯……

赵雍将王位传给十岁大的儿子，但仍由自己掌握军政实权

秦国进逼再夺八城 邀楚王亲自会谈

一蹶不振的楚国，似乎已经变成诸国眼中好欺负的受气包。秦国连续三年对楚兴兵，在大将嬴疾接连攻下八座城池，斩杀楚将景缺之后，嬴稷（秦昭王）邀请熊槐（楚怀王）亲自到武关举行两国元首的高峰会，重新缔结盟约，永不侵犯对方。

> 你真的要约我出去吗？

> 是啊，一起看电影吧……

秦王邀楚王到武关进行面对面的会谈

天字第一号情报员　赵主父亲自演出

秦国境内传出离奇间谍事件，嬴稷（秦昭王）在接见赵国使节之后，总觉得这个使节的言谈举止与寻常人不同。后来秦王越想越觉得可疑，便下令有关单位逮捕此人。不过命令下达时，这名赵国使节早已出了边境扬长而去。秦国情报机构事后调查发现，原来这名使节正是赵国主父（国君之父）赵雍本人所乔装，为的是实地勘察秦国的山川地形，并就近观察秦王是一位怎样的人物。这种一国之君亲自当情报员的情形，可说是前无古人，后无来者，事实的真相令嬴稷震惊不已。

赵国主父赵雍亲自化身情报员进入咸阳，并于任务完成后全身而退

两国峰会　元首当场被绑架

熊槐（楚怀王）不顾令尹（高级官员）昭睢及大臣屈原的警告，决定听从儿子熊兰的建议，动身前往秦国，准备亲自在武关和秦王举行高峰会谈。不过，大概由于熊兰的老婆是秦国的公主，所以让他过于倚仗秦、楚的联姻关系，而低估了此行的风险，导致楚王刚踏进武关，便被当成俘虏捉住，并被押往秦都咸阳。原来，嬴稷（秦昭王）其实早就打算，不但要趁这次机会强迫楚国割让土地，更要弄成像楚王前来朝见他一般。于是，熊槐被押往王宫，参加秦王特别为他准备的国宴。只不过两国国君的位阶并不相等，秦王独坐高位，而可怜的熊槐则是必须和普通官员杂坐在一起。而且在宴会一开始，嬴稷便毫不客气地要求楚国割让巫（古地名）及黔中两块土地。而熊槐则是只能咬牙忍气，坚持双方要先签订友好盟约，割地一事等他回国之后再行办理。谁知秦王态度强硬，一定要熊槐先割让土地然后才肯签约放人。于是双方谈判破裂，熊槐在一阵咆哮之后，便被押下继续软禁。

你不是说要好好招待我吗？怎么把我关在这里……

这就是为你特别准备的贵宾室啊……好好享受吧。

楚王参加两国高峰会，竟被秦国绑架带回咸阳软禁

楚诈发讣闻于齐 要求送太子回国

楚王熊槐被擒往咸阳的消息一传回楚国后，马上引起了极大的震荡，高层官员紧急会商因应之道。由于太子熊横目前仍在齐国当人质，所以便有人提议从诸位公子中遴选一位来继任王位，免得受到秦国的要挟。但是令尹（高级官员）昭雎认为目前楚王与太子都身陷困境，如果这时还违背楚王的意思，另立其他庶子为王，恐怕并不合宜，于是驳回了这项提议，决定封锁楚王被俘的消息，同时派人向齐国谎称楚王病逝，要求齐国将太子送回楚国继承王位。

楚国为使太子能顺利回国，发布了楚王病死的消息

喂，新闻上说你死了呢……

楚太子返国继位 临行前被勒索五百里地

田地（齐湣王）在收到楚国传来楚王病逝，并要求送回太子的消息之后，便与群臣会商对策。这时上次游说秦王失败，回家苦读重新出发的苏秦正好也在，便建议田地扣留楚太子熊横，以交换楚国淮北的那块土地。但是齐相（高级官员）田文并不同意这种做法，他说："不可，如果我们扣留楚太子，那楚国必定会另立一位新王，那我们手上就空有一个无用的人质，而且会落得乘人之危的恶名了。"苏秦说："如果真是这样，那我们就可以反过来告诉新的楚王，如果他愿意割地的话，我们就帮他干掉太子。如果他不愿意割地的话，我们就要和韩、魏共同拥立太子为王，回去和他抢位置。"田地考虑再三后，决定依田文的意思将楚太子熊横放回去，不过又有点舍不得，于是便在熊横临行前，临时提出割地的要求，在得到熊横口头上的承诺后，才放行让他返回楚国。

田文由齐赴秦 应邀就任秦相

去年（前三〇〇年）嬴稷（秦昭王）邀请田文前往秦国访问一事，虽然孟尝君田文的门客再三劝阻，但是田文在经过审慎的考量之后，还是决定带着他的一大批门客，浩浩荡荡地启程前往秦国赴约。田文一到秦都咸阳，便先将一件价值连城的纯白狐裘皮衣当作礼物献给嬴稷，加上孟尝君的名气实在过于响亮，使得秦王在与田文相谈后，便马上决定任命他为秦相（高级官员），把秦国的政务全部交给他。相信孟尝君在独揽秦国大权之后声望将进一步攀升。

孟尝君相秦　赵国极力从中破坏

赵国主父（国君之父）赵雍在听闻秦国已经任命孟尝君田文为相（高级官员）以后，觉得情势如此发展下去必定对赵国不利，将会破坏他联合秦、赵、宋三国以对付齐、魏、韩的长远计划，于是就派大臣金投前往秦国游说，告诉嬴稷（秦昭王）："田文虽然被任命为秦相，但毕竟他骨子里还是齐国的贵族，只怕他会将齐国的利益摆在前面，而损及秦国的利益。如果真是如此的话，到时秦国将陷入无可挽回的险境。不如改任赵国重臣楼缓为相，和赵国结盟，然后把田文杀了，以免他回去之后采取什么报复手段。"就在嬴稷认真考虑此事时，赵雍也派人前往宋国游说，要求宋国任命他的另一心腹仇郝为相，以同时形成秦、赵、宋之联盟。

【当代文学欣赏】山鬼　　　　　　　取自屈原作品《九歌》

若有人兮山之阿，被薜荔兮带女萝。既含睇兮又宜笑，子慕予兮善窈窕。
乘赤豹兮从文狸，辛夷车兮结桂旗。被石兰兮带杜衡，折芳馨兮遗所思。
余处幽篁兮终不见天，路险难兮独后来。表独立兮山之上，云容容兮而在下。
杳冥冥兮羌昼晦，东风飘兮神灵雨。留灵修兮憺忘归，岁既晏兮孰华予。
采三秀兮于山间，石磊磊兮葛蔓蔓。怨公子兮怅忘归，君思我兮不得闲。
山中人兮芳杜若，饮石泉兮荫松柏。君思我兮然疑作，雷填填兮雨冥冥，
猨啾啾兮又夜鸣。风飒飒兮木萧萧，思公子兮徒离忧。

整首诗是以"山鬼"独白的方式，来描绘这位美丽婉约的山中精灵，身处幽深的山谷之中，身披薜荔腰束女萝，乘着赤豹伴着文狸，不畏道路险阻，满怀喜悦地在云海深处，痴心等待情人的情形。但是，在这段凄美的爱情故事中，就算山色幽暗而白昼如夜，天际也飘着凄冷的雨，但约好的人却迟迟没有出现，山鬼痴情的守候苦等，换来的只是年华犹如花谢般流逝而去。只能独自在葛藤缠绕的山岩之间，一面采撷着灵芝仙草，一面感伤情人没有依约来相会。但山鬼也只能自我安慰，想必情人一定还在某处思念着自己，只是被事情耽搁了而无法前来吧。山中如杜若般芳洁的可怜人儿，在翁郁的松柏林荫之下，手中掬起一捧甘冽山泉啜饮，只是心中仍不禁起了疑惑，心爱的人真的还在想着我吗？隆隆雷声中飘着蒙蒙细雨，沉沉夜色中传来啾啾猿鸣，可怜的我也只能在风声飒飒中伴着萧萧落木，因心中止不住的思念而独自悲伤。

年度热搜榜

公元前二九八年

周赧王十七年　魏襄王二十一年　韩襄王十四年　赵惠文王元年　齐湣王三年　楚顷襄王元年　秦昭王九年　燕昭王十四年

楚王三管齐下 齐国索地未遂

　　熊横（楚顷襄王）回到楚国即位为王后，田地（齐湣王）便立刻差人前来索讨之前熊横答应要给的土地，于是熊横便找来群臣谋求解决之道。其中大臣子良主张应该守信献地，事后再发兵夺回。大臣昭常则主张应该严词拒绝，然后加强防守，让齐国无法攻占。大臣景鲤认为应该向秦国求援，以秦兵来逼退齐军。最后熊横决定采取大臣慎子的建议，就是同时采用三人之计，先派子良依约献地，并派昭常领军加强边境的防守，同时命景鲤前往秦国求援。后来齐国依约前往接收土地时，发现楚国竟有重兵防守，在无法攻得又听闻秦兵来援的消息后，便只好两手空空地撤军回国了。

> 不是说好要给我土地的吗？怎么又反悔了，你这种行为和土匪有什么两样……
>
> 你自己才是土匪吧……

齐国趁机向楚国要挟土地交换人质的企图未能得逞

鸡鸣狗盗　孟尝君惊险离秦

　　嬴稷（秦昭王）在听完赵雍使者的建议后，决定除去孟尝君田文以确保秦国的利益，于是就下令免除田文秦相（高级官员）的职务，并囚禁在大牢中等候处决。只是过了不久，嬴稷便又下令将田文释放，直到最后心中还是觉得不妥，再一次下令逮捕田文时，田文早就已经带着他那一批门客逃之夭夭，出关离境了。记者经过深入调查，发现整起事件之所以会有如此戏剧般的转折，主角竟然是孟尝君的门客。原来田文被捕后，为求脱身，便找人请求嬴稷最宠爱的姬妾帮忙疏通。不过嬴稷这个宠妾价码不低，一开口便是要那件价值连城的纯白狐裘皮衣。但是皮衣只有一件，早就送给嬴稷当见面礼被收进王宫的库房之中。就在大伙急得不行的时候，田文的门客中有一个平常就不太受重视的人，自告奋勇地说："其实我真正的专长，是在夜间神不知鬼不觉地从人家家里把东西偷走，虽称不上神偷，也可算是狗盗，这件事就交给我吧。"于是这人就在夜半时分潜入宫中，突破重重警卫，把白狐裘弄到了手。宠妾收到这件顶级皮草后高兴得不得了，马上使出浑身解数，说服嬴稷把田文给放了。于是田文一行人便拿着假造的身份证明，连夜逃亡。就在这时，嬴稷又觉不妥，便立刻下令捉拿田文。但缉捕人员到田文住所时，发现早已人去楼空，便快马加鞭往边境追赶，希望能在关内将田文截下。田文一行人到了函谷关时，天还未亮，无法出关。而依秦国的规定，开放关口的时间以听到鸡啼为准，在此之前无论是谁都不准放行。眼见追兵将至又苦无出关之法时，门客中又有一个什么也不会，平常就被其他人瞧不起的人，当场学起了鸡鸣。这声音可真是学得惟妙惟肖，连真正的公鸡都分不清真假，也跟着啼叫了起来。一时之间，鸡鸣之声传遍整个关口。守关之人觉得纳闷，叨念着："今天鸡鸣怎么特别早，都还没睡够呢。"但由于秦国规定十分严格，所以也只好拖着身子起床打开关口，将田文一行人给放行了。出关脱险的田文，不断地对这两个鸡鸣狗盗的门客称谢，也更加相信自己平常花了那么多精力和金钱供养三千门客是值得的。

> 刚好田文也送了我一件你这款式的皮草，我这就去拿出来和你穿情侣装。

> ……

田文派出狗盗将已经送给秦王的白狐裘皮衣给偷出来交给秦王的宠妃，以作为脱身的谢礼

白马非马？ 公孙龙诡辩无人能及

> 公孙先生，白马不是马，那这匹可以说是斑马吗？

> 不！真正的斑马是白底黑条，这是黑底白条，所以不可以说它是斑马哦。

> ？

赵国有一个被惩处的守城小吏向媒体投诉，日前有一个叫公孙龙的人牵着一匹白马要进城，但依规定马在没有特别允许的情况下是不得入城的，于是小吏便把他拦了下来。但公孙龙却说白马不是马，并和守城小吏辩论，小吏最后说不过他，只好放他进城。但没想到小吏竟因这件事被长官惩处，考绩还被打了丙等，于是心有不甘，前来投诉。经记者追查，公孙龙是赵何（赵惠文王）的兄弟平原君赵胜的门客，以擅长逻辑推论及诡辩著称。他受访时说"马"是形体上的定义，而"白马"则是对马的颜色的定义，所以两者不同。而且如果只是要"马"的话，黑马、黄马都可以，但如果是要"白马"的话，黑马、黄马便不行，也就是说，如果"白马是马"的话，那黄马、黑马岂不也算是白马吗？这显然说不通，所以可以证明"白马是马"这句话是错的，也就是说"白马不是马"才是对的。接着公孙龙继续讲了一些把记者也搞混而无法记录的话，总之结论还是"白马非马"。后来记者把这些话拿去问小吏的长官，虽然长官也无法提出可以反驳公孙龙的话，但结论是："就算白马非马，笨蛋非蛋，傻瓜非瓜，但是丙等的考绩还是丙等。"

奸计落空恼羞成怒
秦国击楚杀五万人

熊横（楚顷襄王）顺利即位之后，派出使节告知嬴稷（秦昭王）楚国已立新王，不会再受秦国要挟。嬴稷眼见诡计落空，无法从被囚的熊槐（楚怀王）身上捞到好处，又让田文给跑了，一腔怒气冲上脑门，便下令大军向楚国发动攻击。秦军领命之后，开出武关，一口气斩杀五万名楚兵，并占领十六座城池之后，才结束这次的军事行动。

秦赵宋 vs 齐魏韩
两集团对立

刚从鬼门关前捡回一条命的孟尝君田文，回到齐国之后，以齐相（高级官员）的身份所做的第一件事，便是召集齐、魏、韩三国联军，准备对秦国发动报复性的攻击。与此同时，秦国任命了赵国重臣楼缓来接替田文的秦相之位，宋国则是依赵雍（赵武灵王）的建议任命仇郝为相，三国之间形成了同盟关系，准备和齐、魏、韩联盟展开对抗。

【专题报道】食客的分级

外传孟尝君田文门下养了三千食客，各有专长，有擅于谋略者，有长于兵法者，有专为游说者，甚至连鸡鸣狗盗者也混杂其中。不过这些门客是分等级的，田文会依面谈时的表现，分别给予三种不同的待遇。最上等的住在"代舍"，出门乘车，餐餐有肉或鱼。中等的住"幸舍"，餐餐有肉或鱼但没有车可坐。下等的住"传舍"，待遇最差，只供给粗食粟饭免于饥饿，出入则听其自便，不加管制。

> 我要到传舍，谢谢！

> 住传舍的请自己走楼梯哦……

食客依身份分成不同的等级，享有不同的待遇

年度热搜榜

公元前二九七年

周赧王十八年 魏襄王二十二年 韩襄王十五年 赵惠文王二年 齐湣王四年 楚顷襄王二年 秦昭王十年 燕昭王十五年

楚王逃亡失败 再次被捕回囚

被囚禁在咸阳的前任楚王熊槐（楚怀王），日前趁机从被软禁的场所中顺利逃出。嬴稷（秦昭王）发现后，为了避免田文脱逃的事件重演，立刻下令封锁所有前往楚国的道路，逼得熊槐只好改走小路逃往赵国。但赵国目前和秦国是结盟的状态，根本不敢得罪秦国，便拒绝让熊槐入境。熊槐正准备改投魏国时已来不及，活生生被缉捕部队逮回咸阳继续囚禁。楚王被抓回来之后，对他的看守势必更加严密，楚王势必无法回到楚国，只能在秦国终老。

被囚禁的楚王企图逃跑，但很快又被逮回咸阳

合作玩假的？
赵国忙于壮大自己　无暇援秦

齐、魏、韩联军以匡章为大将，推进到秦国的函谷关外，将大军屯驻于此，企图封锁秦国进出之交通。但与秦国同盟的赵、宋两国，却迟迟未见有任何的援助动作。看来赵雍（赵武灵王）与秦国结盟的目的，只是要利用秦、齐等大国之间的矛盾，替自己找机会来拓展领土而已。目前赵雍仍忙着北上巡视新得的领地，并积极地收编楼烦部落的少数民族部队，以壮大自己的军事实力。

秦国受到齐、魏、韩三国联军猛攻，却迟迟不见盟军来援

年度热搜榜

公元前二九六年

周赧王十九年　魏襄王二十三年　韩襄王十六年　赵惠文王三年　齐湣王五年　楚顷襄王三年　秦昭王十一年　燕昭王十六年

强秦吃瘪！

联军攻破函谷关　秦还土地求和解

由齐将匡章所率领的三国联军，在接连猛攻后，终于击破函谷关，踏入秦国本土。秦国迫不得已，只好将先前侵吞的土地吐出来求和，在把武遂归还韩国，晋阳和封陵归还魏国之后，齐、魏、韩三国联军才退去。不过这次的军事行动，齐国虽然出力最多，但碍于地势的关系，并没有得到任何土地作为补偿。评论家认为，齐相（高级官员）田文近来不是以合纵攻秦，就是以合纵攻楚，但实质上所获得的利益却与支出不成比例，已造成齐国兵力及财力上极大的损耗。

（漫画对白：我出力最多呢！怎么什么都没有……／耶！／这领土的地图还给你们。／这还差不多。）

齐国虽然联合魏、韩打败秦国，但实质上却没有得到好处

赵吞中山　狂欢五日

赵国主父（国君之父）赵雍趁着三国攻秦的机会，率军北上扫平中山的残余势力，攻克都城灵寿，中山国至此完全覆灭。赵雍班师邯郸后大肆庆祝，犒赏军民、大赦天下，允许人民举行五天的狂欢酒宴，并把长子赵章封到代郡，由田不礼负责辅佐并处理行政事务。

楚王病死异乡　灵柩送回故地

在韩、魏国君相继去世，分别由魏遫（魏昭王）及韩咎（韩釐王）继位之时，先前逃亡未遂，被捕回咸阳囚禁的熊槐（楚怀王）也因悲愤过度，于日前病逝。秦国只好将其灵柩送回楚国。楚国闻讯，举国上下悲痛不已，百姓夹道祭奠。各国政府也同声对秦国这种恶霸的行径予以强烈谴责。

年度热搜榜

公元前二九五年

周赧王二十年 魏昭王元年 韩釐王元年 赵惠文王四年 齐湣王六年 楚顷襄王四年 秦昭王十二年 燕昭王十七年

> 弟弟，拜托分哥吃一口……
> 不要！你滚开！
> 这样老大会不会太可怜了……
> 这不是当初您决定的吗？

赵雍在孟姚去世后，开始对于长子的落寞处境感到不忍

赵雍不舍长子 打算举国一分为二

据闻赵国主父（国君之父）赵雍打算把赵国一分为二，让长子赵章在封地代郡成立代国，独立于幼子赵何在邯郸的赵国之外。而赵雍之所以会有这么惊人的想法，最主要是日前在朝会时，他看见长子赵章在向身居王位的小弟赵何（赵惠文王）朝拜时失意落魄的样子，便想起赵章原本身为太子，现在却只能屈居老弟之下。加上赵雍最宠爱的孟姚已在多年前去世，心中慢慢地腾出了空间，忍不住对赵章生起了怜悯之心，才计划将国家分一半给他。不过也有传闻说，赵章在田不礼的辅佐下，已表现出夺位的野心。听说大臣李兑就曾为此警告赵何的辅政大臣肥义，要他尽早辞去辅政的职务，免得被卷入风暴之中。但肥义认为这是赵雍交给他的使命，就算再危险也不能撒手不管。后来李兑只好前往拜会赵雍的叔父赵成，要他提高戒备。

秦国为复仇 司马错击魏

嬴稷（秦昭王）为了一雪去年（前二九六年）齐、魏、韩三国联军攻入函谷关，逼得秦国还地议和之耻，今年（前二九五年）派遣大将司马错率领精兵，攻击魏国的襄城。目前攻守双方互有损伤，但还未见大规模的伤亡。

秦赵关系生变 魏冉续任秦相

赵雍因为战略形势的改变，已达成吞灭中山的目的，认为继续和秦国合作下去只会对赵国不利，于是便要在宋国为相的仇郝前往秦国游说嬴稷（秦昭王），以种种的利害关系劝他废除秦相（高级官员）楼缓的职务，改由魏冉接任。嬴稷很快地接受了仇郝的说法，令魏冉为相，让楼缓返回赵国去了。

赵雍长子发动沙丘之变

赵国主父（国君之父）赵雍的长子赵章，趁着赵雍与赵何（赵惠文王）一起出游沙丘，并分别住在两所行宫的机会，发动武装叛变。赵章先假传主父的命令，召唤赵何前往赵雍的行宫，想要在中途予以狙杀。但赵何的侍卫信期早已得到辅政大臣肥义的指示，说如果有人传主父之命召见赵何时，必须先告诉他而不可贸然前往。于是信期就通知肥义这件事，肥义便先行前往查看，果然就在中途遭到伏杀，身亡。于是信期立刻动员所有卫队，与赵章的部队发生流血冲突，目前双方正在激战。

失败中重新站起 苏秦相燕封武安君

苏秦上次求职失利后，从书堆中找到一本书，经过苦读后，终于成功当上燕国国相

哇！这书实在太精彩了，我以前怎么都没有发现！

游戏攻略

之前周游各国寻求机会，但却不断碰壁的说客苏秦，终于在进入燕国，并与姬职（燕昭王）密谈许久之后，深得姬职的肯定而得到重用。目前燕国政府已经发布人事命令，将苏秦封为武安君，并任命为燕相（高级官员）。听说，苏秦在公元前三〇六年往秦国谋职失败回家之后，便从书堆中翻出一本记载当初姜太公进献智谋奇计，以帮助周武王伐灭殷商之事的《太公阴符》苦读。苏秦在经过不断研究，并揣摩游说技巧之后，再度出发至各国寻求机会，终于在燕国得到重用，一雪之前被家人冷落鄙视之耻。接下来苏秦是否能让在七国中较弱小的燕国，成功地逐步茁壮起来，就考验他的实力了。

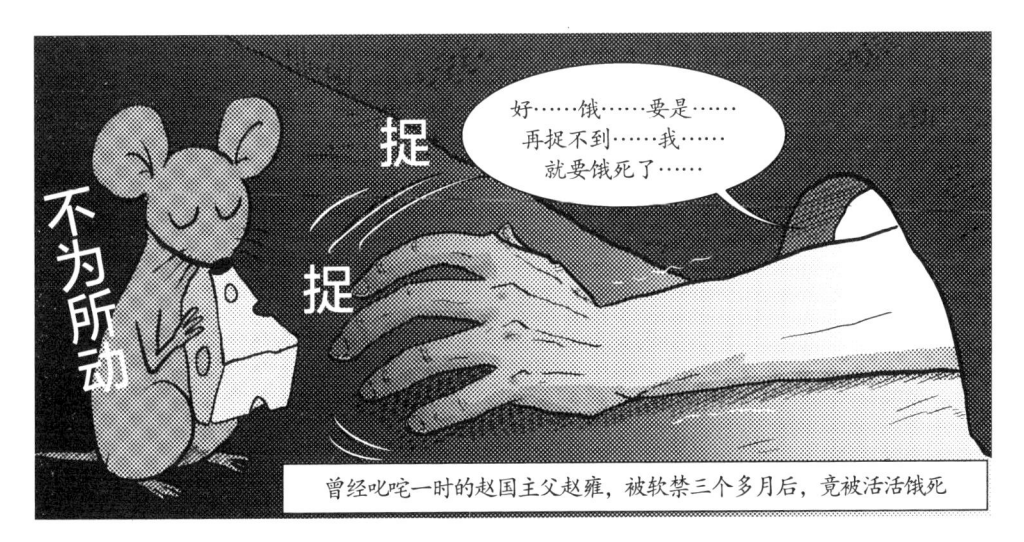

> 好……饿……要是……再捉不到……我……就要饿死了……
>
> 捉 捉 不为所动
>
> 曾经叱咤一时的赵国主父赵雍，被软禁三个多月后，竟被活活饿死

主父活活饿死！ 赵国内乱落幕 赵章叛乱失败被斩

原本在沙丘发起流血政变，与赵何（赵惠文王）的卫队激战，并逐步取得优势的赵雍长子赵章，在赵成、李兑由邯郸赶来支援，并征调附近的驻军勤王以后，情势便急转直下。完全压制住叛军气势的赵成部队，很快便将田不礼及所有党人一并屠灭。而兵败遭到追杀的赵章，在走投无路的情况之下，只得硬着头皮逃入老爸赵雍的行宫，一面泪流不止地请求原谅，一面抱住老爸的大腿哀求保护。本来很生气的赵雍，看到这个孩子落魄至此便又心软了起来，也不忍心看到他被杀，便答应把他藏在行宫之中，并下令前来搜捕的兵士不得擅入。只是事情演变至此，场面早已不是赵雍所能控制的，部队在李兑及赵成的授意之下，仍然强行闯入赵雍的行宫之中，将赵章给拖了出来当场处决。而在冲动过后，李兑和赵成突然惊觉自己身处险境，只好互相商议说："我们为了斩草除根，竟然包围了主父（国君之父）的行宫，还当着他的面把赵章给杀了。日后主父要是追究起围宫杀子的罪状，只怕我们全家都要跟着受累。"便索性一不做二不休，下令封锁整个行宫，并向行宫人员传达命令说："凡是先出来的有赏，后出来的则一律格杀勿论。"于是行宫中所有的人一哄而散，争相出逃。但是就在赵雍也要出来的时候，却被看守的士卒挡在里面，部队随即紧紧地封闭住宫门。结果整座行宫之中只剩赵雍一人，既无人伺候，也没有食物可吃，就连呼叫也没有任何回应。饥饿难忍之时，赵雍只好在行宫之中到处找吃的，剩余的食物吃光之后，只好爬到树上或屋檐上，找一些鸟蛋或雏鸟来填肚子。三个多月之后，可以吃的东西都吃光了，行宫中连一只老鼠也捉不到，曾经叱咤风云、吞灭中山的赵雍，就这样被活活饿死。从此，赵国中央政府，完全落入赵成和李兑的控制之中。

年度热搜榜

公元前二九四年

周赧王二十一年 魏昭王二年 韩釐王二年 赵惠文王五年 齐湣王七年 楚顷襄王五年 秦昭王十三年 燕昭王十八年

韩国十五日建起新城　子高好口才救人一命

韩国得到秦军即将进军伊阙的消息，为了战略上的需要，特别下令调集各县民工，在伊阙以南五十里的地方，以十五日为期限建成一座新城。在司空（高级官员）段乔的督导下，除了一县延迟二日才完工，负责的官吏被逮捕下狱外，其余各县都在期限内完成分配到的工程。边境官子高受到被囚官吏之子的请托，便前往拜会段乔。但是子高并未直接向段乔说明来意，只是陪他登上城楼，然后赞叹说："哇，这城实在建得太好了，您这可是大功一件啊，一定会得到国君的重赏。从古至今，能够完成这么伟大的工程，却没有责罚一个人的，恐怕除您之外，再也没有了呀。"于是在当天晚上，段乔就把囚禁的官吏给无条件释放了。

田甲劫王　孟尝君涉案

齐国惊传恐怖劫持人质事件，被害者竟然是当朝国君田地（齐湣王），所幸随扈人员应变得宜，国君的卫队将歹徒当场击毙。国君本人除了受到惊吓外，并未受到任何的伤害。据了解，这起事件是由齐国贵族田甲所发动，真正的犯案动机不明，不过王室方面研判，齐相（高级官员）田文极有可能涉入此案件。案发后不久，田文便已仓促离开首都临淄，回到他的封地薛，并立即发表声明，表示此案与他完全无关，之所以紧急离开最主要是担心受到栽赃嫁祸，请各界不要再妄加揣测。

卷入田甲劫王案的孟尝君田文，案发后舍弃国相职位，仓皇离开齐国首都临淄

秦军出击　魏韩联守伊阙

秦国今年（前二九四年）在军事上又有大动作，兵分两路出击韩国。由向寿率领的一支攻取了武始，由白起率领的另一路则直指伊阙。但由于韩国已在伊阙南边筑了新城，为免进攻时受到威胁，白起决定先行攻打新城。在白起的猛攻之下，新城的韩军无法固守，便放弃新城转进到伊阙，与前来援助的魏国公孙喜（犀武）大军会合。虽然在武始获胜的向寿部队也已启程赶往伊阙，但是秦军的总兵力仍然不及魏、韩联军的一半，看来秦军想要在这场伊阙之战获胜，可能不是那么简单的事。

热搜事件榜单

4　公元前四五八年

- 晋国内哄　范氏中行氏被瓜分　智赵韩魏四家横行
- 天上掉下来的礼物？　山中之国开路自取灭亡

5　公元前四五七年

- 智瑶权势逼人　韩虎遭到霸凌
- 人上有人　智瑶袭卫妙计遭识破

6　公元前四五五年

- 恶霸智瑶　强索韩地一万户
- 食髓知味……　智瑶再取魏地一万户
- 赵无恤誓不低头　智韩魏围攻晋阳

7　公元前四五四年

- 拆墙熔柱　赵家箭矢不缺　掘堤淹城　智氏困死晋阳
- 【军事科技】造箭技术

8　公元前四五三年

- 智瑶喜不自胜　晋城叫苦连天
- 联军关系松动？　智家谋臣提出警告
- 唇亡齿寒　三家逆袭　智氏惨遭灭族
- 【人物特写】刺客豫让

11　公元前四三九年

- 沙盘推演化解干戈　墨子守备功力惊人
- 流言终结者　公输般的木车马
- 【墨家防御术】备梯篇

13　公元前四三三年

- 曾侯乙下葬　陪葬品惊人

14　公元前四〇八年

- 与部下同甘又共苦　魏将吴起拔秦五城
- 秦国土地改革　按土地面积征税
- 魏伐中山　赵国借道　恐另有图谋

16　公元前四〇六年

- 乐羊喝下亲子羹汤　悲痛中覆灭中山国
- 河伯娶妇！　西门豹破恶习

18　公元前四〇五年

- 李悝受命任魏相　变法图强翻新页
- 【专题报道】李悝的《法经》

19　公元前四〇四年

- 步兵崛起车战式微　三晋联手重创齐军

20　公元前四〇三年

- 三家分晋！　八大国引领风骚
- 韩赵相争　魏当老大

21　公元前四〇二年

- 官兵抓强盗　强盗杀国君　楚王死于非命
- 【金融专栏】消费者物价指数

22　公元前三九七年

- 韩国国相被刺身亡　杀手自毁容貌无法追查
- 刺客亲姐指认　杀手聂政身份大白
- 韩相被刺案　严遂疑为幕后主使

24　公元前三九六年

- 郑国贵族互攻　国君被杀身亡
- 文侯辞世魏击继位　吴起竟与新相争功

25　公元前三九一年

- 三晋伐楚　秦攻宜阳
- 大臣驱逐国君　田和掌控齐国

26　公元前三九〇年

- 拒与公主成亲　吴起弃魏奔楚

27　公元前三八九年

- 魏侯代为说情　周王允诺田和封侯
- 吴起升任令尹　楚国变法改革

28　公元前三八六年

- 田氏代齐　田和晋升诸侯
- 赵国迁都邯郸　公子朝叛变失败

29　公元前三八五年

- 秦国上演王子复仇戏码　二十九年终于夺回大位
- 韩攻宋强掳国君
- 秦国进行改革　废止活人殉葬

30　公元前三八二年

- 卫国得魏协助　破赵军取刚平
- 天文异象　日全食

【墨家防御术】备蚁傅篇

31　公元前三八一年

- 吴起领兵入魏要害　赵国引军趁势反击
- 楚王去世顿失靠山　贵族反扑吴起惨死

32　公元前三七九年

- 姜齐灭亡　中山复国

【科技新知】毛笔

33　公元前三七六年

- 韩赵魏吃干抹净　晋国从此覆亡

【娱乐快递】投壶、走犬、斗鸡

34　公元前三七五年

- 秦国继续推进改革　五家一伍编入户籍
- 韩国吞灭郑国　迁都新郑

35　公元前三七四年

- 韩严弑君　韩国易主

36　公元前三六九年

- 魏君生前未定太子　韩赵发兵企图干预
- 疫情警报

37　公元前三六七年

- 周国分裂为东西　小得可怜

38　公元前三六四年

- 秦军首获大胜　天子赠礼嘉勉

| 39 | 公元前三六二年 |

- 韩赵秦魏四国混战　赵魏大将分别被执
- 秦国少主继承父志　力图摆脱蛮邦形象

| 40 | 公元前三六一年 |

- 秦国公布招贤令　各地人才涌入秦国

| 41 | 公元前三五九年 |

- 兴水利选武卒　魏国再度前进
- 天文异象　流星坠地
- 公孙鞅初颁垦草令　促进农业生产

| 42 | 公元前三五六年 |

- 秦国空前大变法　实施连坐奖励军功
- 超赚钱　搬根木头奖五十金

【专题报道】秦国的二十级爵位

| 48 | 公元前三五五年 |

- 魏齐国君会猎　互较国宝价值
- 秦国变法引起反弹　抗议陈情数以千计
- 赛马获利千金　孙膑声名大噪

【专题报道】孙膑专访

- 楚相专权独断？　众臣一致否认
- 齐君一鸣惊人　召百官严赏罚
- 齐国广纳谏言　竟因俊男比美
- 戴氏弑君　宋主换人
- 韩国跟进变法　申不害以术治国
- 太子犯法教师遭刑　秦国反改革势力噤声

| 54 | 公元前三五四年 |

- 南辕北辙难称王？　魏国起兵强伐赵
- 双面讨好　宋国智抚魏赵

| 55 | 公元前三五三年 |

- 庞涓兵围邯郸城　齐楚秦三面袭魏
- 魏军攻破邯郸　孙膑围魏救赵

| 57 | 公元前三五二年 |

- 魏军奋起　击败齐卫宋联军

【专题报道】主要粮食作物

| 58 | 公元前三五一年 |

- 令尹狐假虎威　江乙进言楚王
- 申不害自砸改革招牌　任用近亲为国君所拒
- 魏还邯郸　赵愿结盟

| 60 | 公元前三五〇年 |

- 赵侯去世　双子争立
- 公孙鞅二次变法　秦国脱胎换骨

| 62 | 公元前三四四年 |

- 魏䓨独领风骚　带十二诸侯朝见天子
- 公孙鞅提议魏国君称王

| 63 | 公元前三四二年 |

- 秦君称霸　太子朝周
- 魏王攻韩　田忌孙膑再出援兵

| 64 | 公元前三四一年 |

- 齐军伐魏救韩　竟传逃兵剧增
- 马陵中伏　太子被俘大将战死

| 66 | 公元前三四〇年 |

- 秦魏交锋　公孙鞅使诈擒魏将
- 邹忌诬以谋反　田忌无奈奔楚

- 魏国君献地请降　公孙鞅受封商君

68　公元前三三八年

- 少主继位顿失靠山　商鞅惨遭五马分尸

69　公元前三三六年

- 魏外交政策大转弯　齐成为新一代老大
- 商鞅虽死精神犹在　秦国继续推进改革

【金融专栏】各国货币

71　公元前三三四年

- 国相兼营婚姻中介　田婴替老板选夫人
- 齐魏徐州相互称王　可怜周王无人理睬
- 韩国大旱　竟建高门
- 年终上计齐王偷懒　田婴阴夺考核之权

【专题报道】年终上计

74　公元前三三三年

- 齐魏称王后遗症　赵袭魏楚欲攻齐
- 韩国豪华高门完工　国君果不得出其门
- 张丐说鲁中立　楚军徐州败齐
- 全凭一张嘴！人质免死　齐相留任

76　公元前三三二年

- 魏割让阴晋求和　秦答应暂时停火
- 赵掘黄河退敌　无辜百姓受害

77　公元前三三一年

- 西方部落内乱　秦国出兵平定义渠
- 秦公孙衍大败魏军　俘虏敌将斩首八万

78　公元前三二九年

- 樗里疾担任秦将　连取魏国数城
- 楚王去世太子继位　魏闻楚丧竟起军兵
- 宋国发生武装政变　弟逐兄长自立为君
- 张仪入秦建言　嬴驷出兵助魏

80　公元前三二八年

- 大发慈悲？秦国归还所抢魏地
- 中山引水攻赵
- 张仪封相　口才换得十五城

81　公元前三二七年

- 秦国义渠置县
- 张仪启动连横　频向魏国招手

82　公元前三二六年

- 秦龙门初腊　官与民同欢
- 国君赵语辞世　赵太子继位

83　公元前三二五年

- 秦国升格称王　魏韩同贺跟进
- 公孙衍田盼联手　出动魏齐大军击赵
- 天价赏金　卫国一城换回逃犯

85　公元前三二三年

- 一手棍子一手糖果　张仪大胆玩弄诸国
- 五国相王　公孙衍推进合纵
- 游说成功　中山渡过封王危机
- 楚军胜魏又欲攻齐　画蛇添足终止行动

88　公元前三二二年

- 魏齐元首峰会　秦国积极介入

- 张仪辞秦相入魏　与惠施展开政策大辩论
- 魏国确定走亲秦路线　张仪任相惠施出亡
- 魏国媚秦　齐楚兴兵
- 以张仪密约为说辞　雍沮劝退两国兵马
- 齐相田婴改封于薛　政治实力日益壮大
- 魏王不肯就范　秦国愤怒出兵攻击

91　公元前三二一年

- 最新益智谜题 "海大鱼" 究竟指啥
- 【专题报道】节

92　公元前三二〇年

- 孟子觐见魏王　宣扬仁义治国理念
- 秦国大军借道攻齐　齐军将领忠诚堪忧
- 楚王以象牙之床为礼　遭田婴之子田文婉拒
- 一贬再贬　卫王自降为君
- 匡章大败秦军　张仪魏国失势

95　公元前三一九年

- 以公孙衍为相　魏国重启合纵
- 义渠君访公孙衍
- 魏䓨葬礼在即　遭逢罕见大雪

96　公元前三一八年

- 五国伐秦　楚为纵长
- 秦军东出函谷关　义渠背后偷袭秦
- 名号无用？赵王撤销称号　宋君自立为王
- 燕王完全信任　子之相权大增

98　公元前三一七年

- 秦军东进反击　斩敌首级八万

99　公元前三一六年

- 张仪再次相秦　魏齐韩三国结盟
- 西南国家动荡　秦军兵伐巴蜀
- 尧舜禅让再现　燕王让位子之
- 秦国平定巴蜀　给予税赋优待

101　公元前三一五年

- 燕太子起兵反子之　暗传齐国介入颇深
- 秦国进攻浊泽　韩欲割地求和
- 太子兵败身死　子之获得胜利
- 齐楚答应赴援　韩王对秦开战

103　公元前三一四年

- 齐楚援军不见踪影　韩被耍惨遭大败
- 齐军发动进攻　旋风席卷燕国　子之被擒剁成肉酱
- 有仇终须一报　秦军踏平义渠
- 民众群起抗暴　齐军退出燕境

108　公元前三一三年

- 秦联韩魏　与楚齐展开对抗
- 屈原见黜　续以文学抒发爱国理念
- 张仪使楚开出优渥条件　献地六百里换楚齐绝交
- 世纪大骗局！张仪辩称地仅六里　秦楚双方剑拔弩张
- 鞭打草人　嬴驷施法诅咒楚王

110　公元前三一二年

- 两大阵营部署完毕　中原大战即将爆发
- 越以物资相助魏国　目前尚无出兵计划

- 三路秦军大胜　楚兵折损八万余人
- 楚国集结大军反攻　战败还被韩魏偷袭

112　公元前三一一年

- 秦欲与楚换地未果　熊槐坚持张仪入楚
- 蜀国相陈庄叛变　秦政府急觅对策
- 鬼门关前走一遭　张仪意外获释
- 墨家首领之子杀人　老爹坚持杀人偿命
- 秦国新王继位　张仪失势出逃
- 田文继位薛公　孟尝享誉天下

116　公元前三一〇年

- 甘茂南进平乱　蜀相陈庄伏法
- 连横主义之父　张仪病死魏国
- 赵雍新宠孟姚产子

117　公元前三〇九年

- 秦设左右丞相　甘茂樗里疾出任
- 赵建高台远眺齐境
- 天候异常　魏酸枣出现惊人大风雨

118　公元前三〇八年

- 秦为安定后方　再封蜀侯
- 小国内斗　东西周争
- 地下钱庄合法化？　田文涉嫌经营高利贷
- 秦国欲取宜阳　甘茂停兵未进
- 水路奇兵　秦军夺得黔中郡
- 秦王立下息壤之誓　甘茂大军安心进击

120　公元前三〇七年

- 胡服骑射大变动　赵国改革难推行
- 幸有息壤之约　甘茂得助攻破宜阳

- 最强力士争霸战　秦王举鼎爆血死
- 叔父终于点头　赵国改穿胡服

【专题报道】孙膑军法：骑战十利

- 秦国争位之乱　两派人马互斗

124　公元前三〇六年

- 武遂还韩　秦军攻魏
- 越国覆灭　空留卧薪尝胆
- 初试身手　赵国北进扩展版图
- 大将弃军逃亡　甘茂畏谗投奔齐国
- 废文任武不切实际　苏秦游说未获采用
- 齐王欲为纵约长　孟尝君一手操盘
- 盗匪庄蹻横行楚境　地方官员无力缉捕

126　公元前三〇五年

- 扫平季君内乱　穰侯魏冉专权
- 赵军北进　中山割城
- 秦楚联姻　嬴稷迎娶楚女为后

127　公元前三〇四年

- 秦王成年加冠　正式亲理国政
- 赵国再拓北疆　建置云九双郡

128　公元前三〇三年

- 秦攻韩魏　夺得战略要地
- 田文遣使试探秦王　齐魏韩合纵攻楚
- 楚太子为质　秦出兵逼退三国联军

129　公元前三〇二年

- 摇摆不定　魏韩又与秦结盟
- 重大危机　楚太子杀人逃亡

130 公元前三〇一年

- 齐宣王卒　田文邀楚四国攻秦
- 司马错领兵复入蜀　蜀侯被迫自尽身亡
- 真实？谎言？楚王被要求救无门
- 一口吃成个胖子　赵国大口吞中山
- 樵夫相助　联军渡河败楚
- 太子杀人　万魂偿命　秦国大军攻楚
- 庄蹻进行劫掠　楚国陷入危机

133 公元前三〇〇年

- 秦军再次进攻　楚太子改质于齐
- 泾阳君为质　秦王邀孟尝君访问
- 樗里疾死　魏冉续为右相
- 韩太子死　诸公子争立

134 公元前二九九年

- 赵王退位为主父　仍掌握实权
- 秦国进逼再夺八城　邀楚王亲自会谈
- 天字第一号情报员　赵主父亲自演出
- 两国峰会　元首当场被绑架
- 楚诈发讣闻于齐　要求送太子回国
- 楚太子返国继位　临行前被勒索五百里地
- 田文由齐赴秦　应邀就任秦相
- 孟尝君相秦　赵国极力从中破坏
- 【当代文学欣赏】山鬼

139 公元前二九八年

- 楚王三管齐下　齐国索地未遂
- 鸡鸣狗盗　孟尝君惊险离秦
- 白马非马？公孙龙诡辩无人能及
- 奸计落空恼羞成怒　秦国击楚杀五万人
- 秦赵宋 vs 齐魏韩　两集团对立
- 【专题报道】食客的分级

143 公元前二九七年

- 楚王逃亡失败　再次被捕回囚
- 合作玩假的？赵国忙于壮大自己　无暇援秦

144 公元前二九六年

- 强秦吃瘪！联军攻破函谷关　秦还土地求和解
- 赵吞中山　狂欢五日
- 楚王病死异乡　灵柩送回故地

145 公元前二九五年

- 赵雍不舍长子　打算举国一分为二
- 秦国为复仇　司马错击魏
- 秦赵关系生变　魏冉续任秦相
- 赵雍长子发动沙丘之变
- 失败中重新站起　苏秦相燕封武安君
- 主父活活饿死！赵国内乱落幕　赵章叛乱失败被斩

148 公元前二九四年

- 韩国十五日建起新城　子高好口才救人一命
- 田甲劫王　孟尝君涉案
- 秦军出击　魏韩联守伊阙

北京市版权局著作权合同登记号　图字：01-2019-6857

中文简体字版© 2023年，由中国法制出版社出版。
本书由远流出版事业股份有限公司正式授权，同意经由Ca-link International LLC代理，授权中国法制出版社出版中文简体字版本。非经书面同意，不得以任何形式任意重制、转载。

图书在版编目 (CIP) 数据

战国热搜榜．风起云涌卷 / 黄荣郎著．—北京：中国法制出版社，2023.11
ISBN 978-7-5216-3521-8

Ⅰ．①战⋯　Ⅱ．①黄⋯　Ⅲ．①中国历史 - 战国时代 - 通俗读物　Ⅳ．① K231.09

中国国家版本馆 CIP 数据核字（2023）第 079610 号

策划编辑：李　佳
责任编辑：刘冰清　　　　　　　　　　　　　　封面设计：汪要军

战国热搜榜．风起云涌卷
ZHANGUO RESOUBANG. FENGQI YUNYONG JUAN

著者 / 黄荣郎
经销 / 新华书店
印刷 / 三河市国英印务有限公司
开本 / 710 毫米 × 1000 毫米　16 开　　　　印张 / 10.75　字数 / 216 千
版次 / 2023 年 11 月第 1 版　　　　　　　　2023 年 11 月第 1 次印刷

中国法制出版社出版
书号 ISBN 978-7-5216-3521-8　　　　　　　　　　　定价：48.00 元

北京市西城区西便门西里甲16号西便门办公区
邮政编码：100053　　　　　　　　　　　　传真：010-63141600
网址：http://www.zgfzs.com　　　　　　　编辑部电话：010-63141837
市场营销部电话：010-63141612　　　　　印务部电话：010-63141606

（如有印装质量问题，请与本社印务部联系。）